자유

청소년 영성 시리즈
자유

2014년 12월 15일 초판 2쇄 발행

지은이 김용재
펴낸이 정병석

도서출판 그루터기하우스
서울특별시 강남구 삼성동 26-25호, 2층
Tel 514-0656 | Fax 546-6162
gruturgi21@hanmail.net
등록 2000년 11월 28일 제16-2289호
ISBN 978-89-90942-30-2 03230

2012 ⓒ 김용재

Korean Edition ⓒ 2012
by Gruturgi House Publishing Co., Seoul, Korea

저작권법에 의하여 한국 내에서 보호를 받는 저작물이므로
무단전재와 복제를 금합니다.

> 그 중에 십분의 일이 오히려 남아 있을지라도 이것도 삼키운바 될 것이나 밤나무, 상수리나무가 베임을 당하여도 그 그루터기는 남아 있는 것 같이 거룩한 씨가 이 땅의 그루터기니라(이사야 6:13).

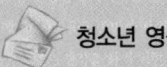
청소년 영성 시리즈

자유
Freedom

행복을 품고 한 사람에게
사랑을 말하는 자유

● 김용재 지음

그루터기하우스

지금 하십시오

할 일이 생각나거든 지금 하십시오
오늘은 맑지만 내일은 구름이 보일지도 모릅니다.

친절한 말 한마디가 생각나거든 지금 말하십시오
사랑하는 사람이 언제까지 곁에 있지는 않습니다.

사랑의 말이 있다면 지금 하십시오
사랑하는 사람이 당신 곁을 떠날 수 있습니다.

미소를 지으려면 지금 웃어주십시오
당신이 주저하는 사이에 친구들이 떠날 수 있습니다.

불러야 할 노래가 있다면 지금 부르십시오
노래 부르기엔 이미 늦을 수 있습니다.

차 례

일러두기 6 / 추천의 글 8 / 프롤로그 11

1부 자유

자유1 진리 보기: 자유는 진리를 보는 것 18
자유2 진리 선포: 자유는 진리를 말하는 것 38
자유3 진리 살기: 자유는 진리를 사는 것 59

2부 권위

권위1 인정 하기: 자유는 권위를 인정하는 것 79
권위2 소통 돕기: 자유는 소통과 공감의 도구가 되는 것 99
권위3 갈등 조정: 자유는 권위자와의 갈등을 조정하는 것 119

3부 순종

순종1 못된 권위: 자유는 잘못된 권위와 관계를 푸는 것 143
순종2 생명 위탁: 자유는 진리로 죽음을 넘는 것 164
순종3 성령 충만: 자유는 하나님의 사람이 되는 것 184

일. 러. 두. 기

"자유"를 누리는 한 가지 방법

여러분이 이 "자유" 책을 누리기 위해 한 가지 제언을 하고자 합니다. 이 제언이 여러분이 책을 읽을 자유를 제한하는 것이 아니라, 더 풍성한 자유를 얻기 위한 '연줄'의 역할을 하기를 기대하는 마음입니다.

이 책은 사도 베드로와 사도 바울, 또 수많은 사도들과 제자들이 그들의 눈앞에 놓여 있던 여러 종류의 권위와 때론 투쟁하며, 때론 순종하며 씨름하였던 이야기를 담고 있습니다. 그들의 고뇌는 2000년 전에 마무리된 것이 아니라, 오늘 청소년 여러분의 삶 속에도 동일하게 나타나는 것들입니다.

✳ ✳

이제 성령의 인도하심을 받아 '지금 여기'의 고통스러운 삶의 현장에 집중하려는 청소년 여러분들은 이 책을 조심스레 살펴보십시오. 책 안에는 여러분을 향한 절절한 사랑을 담아 성경의 이야기를 풀어 놓은 본문이 있을 것입니다. 본문의 앞과 옆에는 본문을 읽다가 고개를 갸웃하게 될 때 도움을 줄만한 장치들이 마련되어 있을 것입니다. 본문을 다 읽은 여러분의 눈앞에는 더 깊은 생각을 하기 위한 질문들이 놓여 있을 것입니다. 질문의 끝에는 다시 한 번 깊이 생각해볼 수 있는 또 다른 짧막한 이야기가 자리하고 있을 것입니다.

이 모든 것들을 너무 빠르지 않게 천천히 생각하면서 읽어 내려가십시오. 그리고 거기서 생겨나는 궁금증들을 친구나 선생님, 부모님과 조심스레 나누어보십시오. 기회가 된다면 이 책을 가지고 주위 사람들과 함께 독서 모임을 가져 보십시오. 혼자 읽는 것보다 풍성한 깨달음을 누리실 수 있을 것입니다.

　더 많은 것들을 누려보고 싶다면, http://www.1318moim.com 에 접속하십시오. 여러분보다 먼저 이 책을 누린 선배들의 이야기를 접하실 수 있을 것입니다. 어쩌면 여러분은 그곳에서 이 책과 함께 하는 흥미로운 캠프에 대한 이야기를 들으실 수도 있을 것입니다. 그리고 저자를 만나고, 청소년들의 삶에 깊은 관심을 가지고 계신 여러 교역자들과 선생님들을 만나 여러분의 속 이야기를 나누게 될 지도 모릅니다.

✻✻

　기대가 되나요? 안내는 여기까지입니다. 이제 책장을 넘기십시오!
　그리고 "자유"를 풍성히 누리십시오!

추. 천. 의. 글

● 김용재 목사는 자유의 영혼을 소유한 자 입니다. 그의 자유로움은 마치 바이러스 같아서 주위 사람들을 전염시키기도 합니다. 『자유』는 그의 영혼을 닮은 친절하고 통쾌한 책입니다. 자유를 갈망하는 우리들의 가려운 귀를 긁어주는 한시적 솔루션을 제시하기보다 오히려 우리로 근본적인 문제를 직시하게 합니다. 진정한 자유를 누리기 위해서 반드시 맞닥뜨려야 하는 '진리의 문제'와 '권위의 문제'를 친절하게 그러나 과감히 소개합니다. 진리가 무엇인지를 논하기조차 어려운 현 포스트모던 문화 안의 청소년들에게, 진정한 권위는 없고 권위주의만 경험되는 당혹스러운 이 사회의 청소년들에게 이 책을 적극 추천합니다.

조준모 교수 한동대학교 (김용재의 오랜 Buralchingu)

✱✱

● 저자를 처음 만난 건 A고등학교 큐티 모임 장소를 구하기 위해 목사님이 청소년 사역하던 교회를 방문했을 때입니다. 마치 자신의 일처럼 들어주고 안타까워 하던 모습이 첫인상에 깊이 남았습니다. 자기 일 하기도 바쁜 세상입니다. 그래서 옆 사람을 돌아볼 여유가 없다고 합니다. 그런 세상에서 김용재 목사님은 달랐습니다. 수년간 교제해 오고 있지만 늘 한결같이 남의 일 하기에 바쁜 분입니다. 자신은 손해 보더라도 상대방이 행복해하면 그것으로 흡족해합니다. 지금의 '다세연' 사역도 그런 목사님의 마음이 고스란히 녹아 있다고 봅니다. 이 땅의 청소년과 청소년 사역자를 진심으로 돕고자 하는 겸손한 마음입니다.

『흔적』에 이어 『자유』가 출간됨을 감사하고 기뻐합니다. 『흔적』을 통해 수많은 청소년들이 회복된 것을 알기에 『자유』가 가져다 줄 열매를 생각하면 흥분된 마음이 앞섭니다. 이 책은 '진정한 자유'에 목말라 있는 이 시대의 청소년들과, '진정한 자유'를 알려주고자 오늘도 애쓰고 노력하는 이 땅의 청소년 사역자들 그리고 부모님들에게 더없는 큰 축복이 될 것입니다.

김종설 목사 서울영동교회 고등부 담당

✱ ✱

• 순정부품으로 완성된 새 포르쉐 자동차가 경주장 트랙 위를 자유롭게 질주하는 모습을 보면 더할 수 없는 시원함과 경쾌함을 느끼게 됩니다. 그런데 그보다 더 자유롭게 질주해야 하는 것이 있습니다. 그것은 하나님께서 천국의 순정부품으로 만드신 우리 기독 청소년들의 모습입니다. 청소년에게는 하나님의 뜻을 분별하고 그것을 선택할 자유가 있습니다. 선택한 그 레이스를 신나게 달려갈 자유가 있습니다. 그리고 레이스의 골인지점에서도 자기과시가 아니라 이 모든 것을 가능케 하신 하나님께 아낌없이 영광을 돌릴 수 있는 자유가 있습니다.

하지만 우리 청소년의 실제 모습은 이 같은 자유와는 달리 고삐에 얽매인 삶을 살고 있습니다. 또 몇몇 청소년들은 자유를 누린다고 주장하지만 정작 그들의 모습에서 아무도 시원함과 경쾌함을 볼 수 없습니다. 그것은 고삐 풀린 망아지의 자유에 지나지 않는 것입니다. 이것은 우리의 삶에 하나님의 순정부품이 아닌, 내가 만들거나 받아들인 가짜 부품들이 많이 들어와 있기 때문입니다. 하나님이 원래 설계하신 자유로운 삶을 회복하기 위해서는 말씀으로 새롭게 삶을 튜닝할 필요가 있습니다. 이 책에는 하나님의 책인 성경을 통하여 진정한 자유가 무엇이며, 그것을 마음껏 누리기 위해 어떤 울타리와 어떤 대가를 지불해야 할지에 대한 설명이 자세히 들어 있습니다.

아무리 자유에 관한 글을 잘 쓴다하더라도 자신이 자유를 누리지 못하는 사람의 글은 생명력이 없을 것입니다. 그런데 김목사님은 자신이 직접 하나님의 뜻을 위해 모든 것을 내려놓고 남들이 가지 않는 길을 선택하는 자유를 누리고 있습니다. 그 길을 억지로가 아니라 휘파람을 불면서 달리고 있습니다. 그리고 천국의 문 앞에 설 때 자기가 달려온 길에 대한 자기자랑이 아니라 그 길에 함께 하신 하나님께만 감사와 경탄을 보낼 분이라고 믿습니다.

이 책이 한국교회의 미래요 열방의 희망인 이 땅의 청소년들의 삶에 필수적인 튜닝 매뉴얼이 되기를 빕니다.

권지현 목사 지티엠 대표, 다음세대교회

※ ※

● 사람들은 자신을 다른 사람과 비교하면 싫어합니다. 하지만 아쉽게도 사람들은 많은 순간 자신을 다른 사람과 비교하며 살아갑니다. 그 비교는 때로 다른 사람들을 이해하기 위한 중요한 도구가 되기도 하고 자신의 자존감을 끝없이 추락시키기도 합니다. 우린 이해와 자존감 하락의 사이에서 언제나 고민하고 있습니다. 이제 그런 고민에서 벗어나 복음이라는 참 진리로 명확한 기준을 바라보며 살아갔으면 좋겠습니다.

우리가 생각해왔던 '복음' 그리고 '자유' 와 '권위' 와 '순종' 에 대하여 하나님이라는 정확한 기준을 통해 다시 한 번 바라봤으면 합니다. 우리의 시선과 생각을 넘어 삶으로 살아가는 많은 사람들을 복음이라는 새로운 세상으로 초대합니다. 하나님과 우리를 연결해 주신 예수그리스도를 본받아 살아가는 그리스도인이 되길 바랍니다. 이 책이 그 소통에 관한 질문에 대한 답을 줄 것입니다.

DJ렉스 기독 문화 선교사

프.롤.로.그

　몇 년 전, 말레시아 말라카에서 말레이시아와 싱가포르에 거주하는 한국 청소년들 대상으로 개최된 Youth Kosta에 참석한 적이 있습니다. 말라카는 우리나라의 경주처럼 유서 깊은 도시입니다. 경주가 신라의 찬란한 문화유산을 품고 있다면, 말라카는 강대국에게 침공 당한 말레이시아의 아픈 역사가 담겨 있습니다. 지난 수 백 년 동안 중국, 포르투갈, 네덜란드, 영국 그리고 일본의 군대가 말라카 항구를 통해서 말레이시아를 침공했기 때문입니다. 당시 치열했던 전투의 흔적이 도시 여기저기에 그대로 남아 있습니다. 그래서 그런지 지금은 수많은 관광객이 거리를 메우고 있지만 도시의 전체적인 분위기는 차분하다 못해 우울하기까지 하였습니다.

　저는 그곳에서 만난 청소년들에게 물었습니다. "지금 여기서 너희가 가장 원하는 것은 무엇이니?" 아이들이 하나 같이 대답했습니다. "자유요~" 외국인 학교에 다니면서 서양 친구들에게 위축되고, 돈 많은 중국 청소년에게 위축되고, 현지 청소년들에게는 현지 말을 못한다고 위축당하고, 매일 공부와 숙제를 해내야 하면서, 동시에 한국 입시를 준비해야 하는, 동남아시아로 유학 간 청소년들의 입에서 나올 법한 얘기였어요. "자유를 원해요."

그런데……
"자유요~, 자유를 원해요. 자유를 달라고요."
시드니에서도, 홍콩에서도, 밴쿠버에서도, 상해에서도, 뉴욕에서도, 동경에서도, L.A.에서도, 하여튼 세상에 사는 거의 모든 청소년들이 지역과 인종을 불문하고 같은 얘기를 했어요. 한국 청소년들은 말할 것도 없구요. 한국 청소년들이 세상에서 제일 바쁘잖아요.
청소년들이 가장 원하는 것이 있다면 그것은 "자유"입니다.
"왜 자유를 원해?"라고 물으면
"답답하다"고 말합니다. 사는 것이 너무 답답해서 "자유"를 원한다고 합니다.
"무엇이 너를 그렇게 답답하게 만드니?"라고 물으면
"휴~" 한숨만 쉽니다.

나중에 알았습니다. 아이들이 삶을 답답하게 느끼는 이유는 어른들의 "잔소리" 때문이었습니다. 저는 '잔소리가 무엇일까?' 연구(?) 하기 시작했습니다. 잔소리는 어른들이 아이들에게 의미 있는 인생을 사는 데 도움이 될 만한 것을 가르쳐 주고 싶어서 반복적으로 이야기 하는 것을 이르는 말이에요. 잔소리의 특징은 "다양한 방법으로 같은 메시지"를 보내는 것이에요. 그래서 듣는 사람은 '지겹다' 혹은 '답답하다' 라고 느끼게 되죠. 잔소리에 담긴 내용은 그래서 매우 단순해요. 거의 "시간"과 "태도"에 관한 거랍니다. 들었던 잔소리의 콘텐츠를 생각해 보세요.

"일찍 자라. 일찍 일어나라."
"일찍 들어와라."
"50분 공부하고 10분 쉬어라."
"예배 시간에 늦지 마라……."
"교회 끝나면 곧 바로 집으로 와라."
대부분 시간에 관한 거예요.
"똑바로 앉아라."
"다리 떨지 마라."

"소파에 눕지 마라. 누우려면 침대로 가라."
"어른들께 공손히 인사해라."
"예배 시간에 졸지마라……."
대부분 태도에 관한 거예요.

어른들께서 살아보시니까 사람답게 살아가려면 적어도 "시간"과 "태도"가 중요하다는 것을 경험하셨기 때문에 아끼는 아이들에게 강조하시는 거지요. 사랑하는 사람에 대한 본능적인 반응이라고나 할까요? 잔소리 말이에요. 하지만 안살아 봤으니 알리가 없는 청소년들은 같은 메시지를 반복해서 듣게 되니까 답답한 거예요. 미치는 거죠. 그래서 '벗어났으면…' 하고 생각한데요. 매 순간.

청소년들은 "내가 원하는 것을 마음대로 할 수 있는 상태"를 자유라고 생각하는 경향이 있어요. 그래서 권위자의 권면이나 지시를 거부하려고 해요. 또 실제로 그렇게 해요. 그리고는 자기가 원하는 대로 말하고 행동한 것을 친구들에게 자랑삼아 이야기해요. "나! 자. 유. 롭. 다."는 거지요. 그런데 하늘을 나는 연이 자유롭고 싶다고 줄을 끊어버리면 미친 듯이 춤추다가 바닥에 곤두박질치잖아요. 자기 마음대로 하기 위해서 어른들의 말씀을 무조건 무시하고 불순종하는 것은 처음에는 자유로운 것 같으나 곧 참담한 결과를 가지고 온답니다.

✷✷

그렇다면 진정한 자유는 어떻게 누릴 수 있을까요? 참으로 자유로운 인생을 누릴 수 있는 길이 성경에 기록되어 있는데요. 성경은 "하나님께서 세우신 권위자에게 순복하므로 형성되는 신뢰관계 속에서 점차 확장되는 자율적인 선택권을 누리는 것"이라고 가르칩니다. 다니엘도 그렇게 살았고, 요셉도 그렇게 살았습니다.

여러분도 하나님께서 세우신 권위자이신 부모님, 선생님 그리고 목회자들과 가능한 한 좋은 관계를 맺으시면서 더 자유롭고 아름다운 인생을 누리시기를 바랍니다. 그리고 질서를 확립하기 위해 사회가 세운 권위자이신 경찰관, 환경미화원, 경비원, 안내원, 음식점 도우미분들의 안내와 제안을 부드럽게 받아들이며 아름다운 사람이 되어 가면 좋겠습니다. 어려운 상황 속에서도 가슴 깊이 사랑을 담아내는 사람이 되면 좋겠습니다.

하나님께서 꿈꾸시는 세상!
하나님께서 디자인하신 세상!
하나님께서 만들어 가시는 세상!
모두에게 가장 아름다운 세상!
모든 사람이 행복한 세상입니다.

✱ ✱

2000년 전, 사람들은 심오한 철학과 화려한 신화에 젖어 있었습니다.

'신은 우리를 버렸어. 나도 신을 버린다. 내가 신이 되리라. 욕구의 뿌리까지 충족시키리라…….' 생각했지요.

외롭고 처절한 싸움을 싸우고, 참담하게 널부러지곤 했습니다.

성령의 바람 같은 손길에 따라 하나님의 마음과 생각에 대한 힌트를 얻게 된 사도들은 땅 끝까지 걸어가며 만나는 사람들에게 말했습니다.

"신이 당신을 사랑하십니다."
"예수님께서 그 사랑을 보여주셨습니다."
"신께서 당신에게 아름다운 계획을 가지고 계십니다."

"당신은 신의 품에 안겨 영원히 살 것입니다."

그 이야기를 듣고 행복한 세상으로 초대받은 사람들은 자유를 누리기 시작했습니다.

✶ ✶

하나님께서 꿈꾸시는 아름답고 행복한 세상을 가슴에 품고, 한 사람 한 사람에게 찾아가, 그 사람이 알아들을 수 있도록, 참된 사랑을 이야기하는 것이 자유입니다.

행복한 세상을 품고, 한 사람에게 찾아가, 참 사랑을 말하는 것이 자유입니다.

행복을 품고 한 사람에게 사랑을 말하는 것이 자유입니다.

행복한 사랑을 말하는 것이 자유입니다.

행복한 사랑이 자유입니다.

chapter 1

> 자유 1

자유의 숨결
진리 보기 : 자유는 진리를 보는 것

1 오순절 날이 이미 이르매 그들이 다같이 한 곳에 모였더니
2 홀연히 하늘로부터 급하고 강한 바람 같은 소리가 있어 그들이 앉은 온 집에 가득하며
3 마치 불의 혀처럼 갈라지는 것들이 그들에게 보여 각 사람 위에 하나씩 임하여 있더니
4 그들이 다 성령의 충만함을 받고 성령이 말하게 하심을 따라 다른 언어들로 말하기를 시작하니라
5 그 때에 경건한 유대인들이 천하 각국으로부터 와서 예루살렘에 머물러 있더니
6 이 소리가 나매 큰 무리가 모여 각각 자기의 방언으로 제자들이 말하는 것을 듣고 소동하여
7 다 놀라 신기하게 여겨 이르되 보라 이 말하는 사람들이 다 갈릴리 사람이 아니냐
8 우리가 우리 각 사람이 난 곳 방언으로 듣게 되는 것이 어찌 됨이냐
9 우리는 바대인과 메대인과 엘람인과 또 메소보다미아, 유대와 갑바도기아, 본도와 아시아,
10 브루기아와 밤빌리아, 애굽과 및 구레네에 가까운 리비야 여러 지방에 사는 사람들과 로마로부터 온 나
　　그네 곧 유대인과 유대교에 들어온 사람들과
11 그레데인과 아라비아인들이라 우리가 다 우리의 각 언어로 하나님의 큰 일을 말함을 듣는도다 하고

사도행전 2장 1~11절

서론

한 나라의 운명을 바꾸는 계기가 된 연설문이 있어요. 그 마지막 부분이에요. "여러분은 평화, 평화하시지만 지금 우리에게는 진정한 자유가 없다는 것을 아시지 않습니까? 국권회복을 위해 우리는 다함께 일어서야 합니다. 나의 생각을 마지막으로 밝히라면 '자유가 아니면 죽음을 달라' Give me liberty or give me death 입니다." 영국의 통치 아래 있던 미국 의회에서 1773년 3월 23일 패트릭 헨리 Patrick Henry가 했던 연설이에요.

"자유가 아니면 죽음을 달라" 모든 사람들은 진정한 자유를 원해요. 역사적으로 수많은 나라와 민족은 진정한 자유를 얻기 위해 전쟁을 불사했어요. 그런데 생명보다 소중하게 여겨지는 "자유"에 대해서 오해하는 사람들이 많아요. 자유를 "내가 원하는 것을 마음대로 할 수 있는 상태"라고 생각하는 거예요. 이것은 반쪽짜리 자유에요.

사람들은 "자유"를 얻기 위해서 돈, 권력 그리고 명예에 집착하지만 자신이 원하는 것을 마음대로 할 수 있는 힘이 생겼다고 해서 "진정한 자유"를 누릴 수는 없어요.

사실 "반쪽짜리 자유"는 아주 어린 아이였을 때부터 알고 있던 거예요. 어린 아이들은 종종 자신이 원하는 것을 얻기 위해서 삐치고, 울고, 소리치며 말도 안 되는 고집을 부리잖아요. 저와 여러분은 모두 어릴 때, 그런 방식으로 원하는 것을 얻은 경험이 있을겁니다. 그렇게 해서 얻은 것이 어린 아이가 자유롭게 되는데 별로 도움이 되지 않아요.

청소년들이 가장 원하는 것 중에 하나가 "자유"에요. "어른들의 잔소리에서 벗어나서 내가 원하는 것을 마음대로 했으면 제일 좋겠어요."라고 말하는 친구들이 많아요. 그래서 청소년들은 종종 "반쪽짜리 자유"를 얻기 위해서 어른들의 권위에 도전하지요. 즉 부모님, 선생님, 그리고 제복을 입고 사회 질서를 유지하는 분들의 권위에 대항해요. 그렇게 하고는 자랑삼아서 친구들에게 얘기하지요. 하지만 "내가 원하는 것을 마음대로 할 수 있는 상태"는 진정한 자유가 아니에요.

제가 인상 깊게 봤던 광고가 있어요. 높은 담장에 긴 사다리를 기대고 담장 너머를 바라보고 있는 중절모를 쓴 한 중년 남자의 뒷모습이 보여요. 성우가 이런 글귀를 낭송하지요. "모두가 예라고 할 때, 아니라고 하는 사람. 모두가 아니라고 할 때,

예라고 하는 사람." 신문사의 광고였어요. 담장 너머의 진실을 보고 본 것을 말하겠다는 의지가 전해왔어요. "진정한 자유"란 "진실을 보고 본 것을 말할 수 있는 것"이에요.

    예수님께서 말씀하셨죠.

> 진리를 알지니 진리가 너희를 자유롭게 하리라.
> 요한복음 8장 32절

> **팝업 성경**
>
> 그리고 너희는 진리를 알게 될 것이며, 진리가 너희를 자유롭게 할 것이다. _새번역
>
> 그러면 너희는 진리를 직접 경험하게 될 것이고, 진리가 너희를 자유롭게 할 것이다. _메시지 성경
>
> and you will know the truth, and the truth will set you free. _ NET

    진리는 우리 하나님 아버지의 가슴에 담겨 있어요. 하나님의 가슴에는 저와 여러분이 담겨 있어요. 하나님의 가슴에는 저와 여러분의 행복한 삶에 대한 계획이 담겨 있어요. 하나님께서는 이스라엘 민족의 조상인 아브라함에게 그 계획을 보여 주셨어요. 여러분! 하나님께서 아브라함 할아버지에게 하신 약속을 기억하시죠?

> 내가 너를 큰 나라로 만들어주고 너에게 복을 주어, 너의 이름을 빛나게 할 것이다. 너는 다른 사람들에게 복이 될 것이다. 너에게 복을 주는 사람에게 내가 복을 주고, 너를 저주하는 사람을 내가 저주하겠다.

땅 위의 모든 백성이 너를 통해 복을 받을 것이다.

창세기 12장 2-3절(쉬운 성경)

　　이스라엘 백성들이 진정한 자유를 누리는 길은 여기 있어요. 하나님 마음에 담겨있는 사랑과 계획을 세상 사람들에게 말하는 거예요. "하나님께서 이스라엘 민족을 통해서 온 세상을 행복하게 만드실 겁니다."라고요. 하지만 이스라엘 백성은 하나님의 마음에 담긴 진리를 볼 수 없었어요. 하나님을 떠났기 때문이에요. 하나님을 떠나면 하나님의 눈으로 자신과 세상을 볼 수 없어요. 자신이 얼마나 소중한 존재인지, 세상이 얼마나 아름다운 곳인지 알 수 없어요. 그래서 참된 기대를 품지 못하고 절망하게 되죠. 하나님의 사람으로서 당연히 걸어가야 할 성장의 길을 포기해요. "너는 별로 가치가 없어. 그러니 우리가 만들어 놓은 틀에 들어와서 하루하루 지내는게 좋겠어."라고 말하는 세상의 덫에 빠져들고 말지요.

　　세상의 덫에 발이 묶인 이스라엘 사람들은 "내가 원하는 것을 마음대로 할 수 있는 상태"를 자유라고 생각한 거예요. 하나님께서는 당신을 떠난 이스라엘 백성을 책망하시고 징계하세요. 강대국이 이스라엘 민족을 침략, 점령, 그리고 통치하게 하세요. 이스라엘은 자유를 잃어버리고 비참한 노예 생활을 시작해요. 이스라엘 백성들은 하나님께 자유롭게 예배할 수 없어요. 자신의 비전을 품고 열심히 살 수도 없어요.

✲ ✲

하나님께서는 이스라엘 백성에게 선지자들을 보내셔서 말씀하세요. "당분간 평화는 없어. 너희의 죄악 때문에 내가 몹시 진노했기 때문이야. 너희가 소망을 완전히 잃어버리면, 진실로 겸손해지면, 그 후에 용서하고 회복시킬 거야. 그러면 너희가 진정한 자유를 얻게 될 거야." 그 후 이스라엘 백성들은 하나님의 약속대로 "진정한 자유"가 선포되는 날을 손꼽아 기다렸어요.

하지만 이스라엘 백성들은 여전히 진정한 자유를 잘못 이해하고 있었어요. 그래서 제자들도 틈만 나면 예수님께 "이스라엘이 정치적으로 독립하는 건가요?"라고 여쭤본 거예요. 심지어 예수님께서 막 승천하시려고 하는 순간에도 제자들은 여쭈었죠.

주께서 이스라엘 나라를 회복하심이 이 때니이까. 사도행전 1장 6절하

참 답답하지요? 하지만 그게 우리의 모습이에요. 우리도 하나님을 믿지만 예수님에게 우리가 생활 속에서 피부에 와 닿는 회복을 달라고 기도하잖아요? "성적이 오르게 해 달라고", "가정 형편이 나아지게 해 달라고" 말이죠. 그때, 예수님께서 "너는 왜 신앙 수준이 그 정도 밖에 안 되냐?"라고 하지 않으세요. 예수님은 승천 직전에 제자들에게 이렇게 말씀하세요.

때와 시기는 아버지께서 자기의 권한에 두셨으니 (1:7)
예루살렘을 떠나지 말고 내게서 들은 바 아버지께서 약속하신 것을 기다리라. (1:4)

이 말씀을 통해 예수님께서는 "너희가 답답한 마음에 간구하는 구체적인 소원을 하나님 아버지께서 가장 좋은 때에 가장 좋은 방법으로 이루어 주실 거란다. 걱정하지 마. 오히려 하나님께서 너희의 진정한 자유를 위해 예비하신 더 큰 것을 기대하고 기다리렴."이라고 말씀하시는 거예요.

그렇다면 주님의 뜻 안에서 진정한 자유를 누리기 위해서 어떻게 해야 할까요? 주님의 가슴에 담긴 아름다운 계획을 바라볼 수 있는 방법은 무엇일까요? 어려운 상황 가운데 나의 필요가 다급하게 느껴지는 상황에서 어떻게 여유를 찾고 자유를 누릴 수 있을까요?

본론

우리는 2000년 전 제자들의 모습을 통해서 그 길에 대한 힌트를 얻을 수 있습니다. 제자들은 예수님의 말씀에 따라 기대하고, 기도하며, 기다렸어요. 120명이 한 자리에 모여서 한 마음으로 기도했어요. 밀농사의 풍족한 추수를 감사하는 절기에서 비롯된 오순절 날에 하나님의 역사의 결실로 기적이 일어났어요. 성경은 그 날의 사건을 다음과 같이 기록하고 있어요.

> **오순절**
>
> 오순절(五旬節). 50일이라는 뜻으로, 예수님의 부활로부터 50일째 되는 날이다. 본래 구약성경에서는 유월절 49일 후라는 뜻의 '칠칠절(七七節)', 또는 밀 추수를 감사하는 의미의 '맥추절(麥秋節)'로 불렸다.

홀연히 하늘로부터 급하고 강한 바람 같은 소리가 있어 그들이 앉은 온 집에 가득하며. 사도행전 2장 2절

성경에서 "바람"은 하나님의 영, 호흡, 그리고 숨결을 의미해요. 하나님의 가슴에 담겨졌던 숨결이 제자들에게 부어졌어요. 하나님의 가슴에서부터 급하고 강한 거친 숨결이 120명의 제자들의 머리 위에 부어졌어요. 제자들은 급하고 강한 바람처럼 자신의 영혼을 휘감는 하나님의 숨결 속에서 하나님의 가슴에 담겨져 있던 온 세상의 사람, 동물, 그리고 자연을 자유롭게 만들어 가시는 계획을 보게 되었어요.

첫째, 깊게 숨 쉬기

성령님은 하나님의 영이세요. 부활하신 예수 그리스도의 영이세요. 성령님께서 도와주셔서 여러분은 예수님을 영접하게 되었어요. 예수님께서 여러분 영혼을 구원하시고, 여러분의 마음과 생각을 밝고 맑은 방향으로 성숙하게 인도하고 계셔요. 여러분은 주님과 동행하는 그리스도인이에요. 그리스도인은 항상 예수님과 동행하는 사람이에요.

그럼에도 불구하고 여러분의 마음과 생각이 흔들릴 때가 있어요. 기대하는 것이 이루어지지 않을 때, 노력했는데 성과가 없을 때, 자신의 부족함 때문에 주변에서 핀잔을 들을 때, 더 이상 미래에 대한 소망을 품기 어려운 상황에서 그렇죠. 머리로는 주님께서 항상 함께 하신다는 사실을 알아요. 하지만 마음에는 의심과 원망이 가득하게 되요. 심해지면 몸도 불편해져요.

　괜찮아요. 예수님과 함께 생활하고, 예수님의 부활을 목격한 제자들도 흔들렸어요. 사람은 예수님을 만나서 함께 식사해도, 예수님께서 베푸시는 기적을 눈으로 봐도, 위로와 격려가 되는 말씀을 들어도 나중에 의심해요. 그래서 사람은 연약한 존재이며 악독한 존재라고 하는 거예요. 그럴때에도 자신을 탓하지 마세요. 죄책감과 두려움에 근거해서 마음이 위축되면 좋은 방향으로의 변화가 이루어지지 않아요.

＊＊

　제안 하나 할게요. 숨을 깊이 쉬세요. 천천히 숨을 들여 마시세요. 속으로 셋에서 다섯 정도 세면서 하면 좋아요. 깊이 들이 마시고, 같은 속도로 내 쉬세요. 그렇게 호흡을 깊이 하면 마음이 좀 가라앉아요. 깊이 호흡하는 것은 여러분이 평정심을 찾는데 상당히 도움이 되요.

둘째, 주님 생각하기

마음이 좀 가라앉으면 예수님을 생각하세요. 예수님께서 하신 말씀, 예수님께서 하신 행동을 생각해 보세요. 목사님이나 전도사님의 설교를 통해서 들었던 이야기를 더듬어서 추억해 보세요. 소그룹 시간에 선생님을 통해서 들었던 예수님에 관한 이야기도 도움이 될 거예요. 그리고 교회 안팎에서 진행되었던 프로그램에 참여하면서 경험했던 느낌을 추억해 보세요.

왜냐하면 교역자들과 선생님들은 설교와 소그룹 그리고 프로그램을 준비할 때 주님의 마음으로 하거든요. 예수님의 심부름꾼 역할을 하시는 거예요. 그러니 그분들과 함께 했던 경험을 주의 깊게 살피면 여러분을 향한 주님의 마음과 생각을 알 수 있게 되요.

> 마치 불의 혀처럼 갈라지는 것들이 그들에게 보여 각 사람 위에 하나씩 임하여 있더니 그들이 다 성령의 충만함을 받고.
> 사도행전 2장 3,4절상

하나님께서 이 땅에 보내신 성령님께서 제자들에게 개별적으로 임하시는 장면이에요. "개별적"으로라는 말은 "인격적"으로라는 말과 비슷하죠. 성령님께서 제자들에게 임하시고, 제자들과 함께 하시면서 주로 하시는 일은 무엇일까요? 제자들이 하나님의 말씀을 생각할 수 있도록 돕는 거예요. 어려운 상황 가운데 자신에게 절망하고 무너지려고 할 때, 우리를 향하신 하나님의 계획과 손길을 기억할 수 있는 성경 말씀이 생각나게 하세요. 그래서 성령 충만은 말씀 충만이에요.

여러분이 성령 충만하다는 것은 여러분의 마음과 생각에 하나님의 말씀이 가득하다는 거예요. 여러분을 향하신 하나님의 마음과 생각을 여러분이 잘 이해하게 된다는 거죠. 이것이 자유의 시작이에요.

셋째, 좋은 말하기

하나님의 가슴에 담겨있는 진리를 본 사람들은 진정한 자유를 누리기 시작해요. 로마 군인과 유대교 지도자들에게 붙들려 예수님처럼 비참하게 십자가에 달려 죽게 될 것에 대한 두려움이 점차 사라지기 시작해요. 그러자 예수님을 믿으면 예수님처럼 부활하게 된다는 말이 무슨 의미인지 조금씩 이해하기 시작해요. 로마 병정들과 유대교 지도자들에게 붙들려 죽을 수 있다는 사실을 알지만 내면에서 비롯되는 담대함을 갖게 되요. 제자들은 강한 바람처럼 임하신 성령님의 도우심으로 순식간에 진리를 깨닫게 된 거죠.

자신이 경험한 사실이 진리라는 것을 깨닫게 되면 사람은 자연스럽게 전하게 되요. 가족과 친구들 그리고 이웃에게 "나의 경험이 진리!"라고 말하게 되요. 말하면서 감정을 싣게 되요. 자세히 묘사하면서 설명하게 되요. 나중에는 설득해요. 아무리 설명해도 다 전달할 수 없게 되면 답답해서 선포하게 되요.

☆☆☆☆☆

공감하면 붐업
이 문장에 어느 정도 공감이 되나요? 위 빈 칸에 자신의 생각을 댓글로 달고 그 옆에 별점도 줘 보세요.

그들이 다 성령의 충만함을 받고 성령이 말하게 하심을 따라 다른 언어들로 말하기를 시작하니라. 사도행전 2장 4절

그 순간 제자들은 가만히 있을 수 없었어요. 밖으로 뛰쳐나가 "예수님께서 죄와 죽음을 이기고 부활하셨어요. 누구든지 예수님을 믿고 회개하면 성령님을 선물로 받고 죄와 죽음을 이기며 하나님 나라에 대한 비전을 품고 행복하게 살 수 있습니다."라고 외쳐요.

※ ※

하나님의 가슴에서 제자들의 가슴으로 부어진 숨결이 세상 사람들에게 부어지는 순간에 기적이 일어났어요. 모든 사람이 각자 자기 지방의 말로 하나님의 말씀을 듣기 시작한 거예요. 그 순간 모든 사람들이 하나님의 자유의 숨결 속에 춤추기 시작했어요.

> 우리가 우리 각 사람이 난 곳 방언으로 듣게 되는 것이 어찌 됨이냐. 우리는 바대인과 메대인과 엘람인과 또 메소보다미아, 유대와 갑바도기아, 본도와 아시아, 부르기아와 밤빌리아, 애굽과 및 구레네에 가까운 리비야 여러 지방에 사는 사람들과 로마로부터 온 나그네 곧 유대인과 유대교에 들어 온 사람들과 그레데인과 아라비아인들이라 우리가 다 우리의 각 언어로 하나님의 큰 일을 말함을 듣는도다.
> 사도행전 2장 8-11절

결론

지금도 우리는 하나님의 자유의 숨결 속에 살고 있어요. 누구든지 예수님을 믿으면 성령님이 하나님의 숨결처럼 내 작은 가슴에 부어지는 거예요.

자유는 "내가 원하는 것을 마음대로 할 수 있는 상태"가 아니에요. 진정한 자유란 "하나님의 가슴에 담긴 진리를 보고 본 것을 담담하게 말 할 수 있는 능력"이에요. 공부, 재정, 관계 등으로 인해 답답해서 자유를 잃어버린 것처럼 느껴질 때, 깊게 호흡하고, 주님 생각하고, 좋은 말을 하세요. 그러면서 생각해 보세요. '아! 내가 지금 하나님의 자유의 숨결 속에 춤추고 있지. 하나님께서는 나를 통해 친구와 가족이 진정한 자유를 누릴 수 있도록 하실 거야!'

☆☆☆☆☆

공감하면 붑업
이 문장에 어느 정도 공감이 되나요? 위 빈 칸에 자신의 생각을 댓글로 달고 그 옆에 별점도 줘 보세요.

생각해볼 질문들
● 자유 1 (행 2:1~11) ●

■ 성경질문

1. 예수님이 승천하신 후 제자들은 무엇을 하고 있었나요?(1절)

2. 그때 어떤 일이 벌어졌나요?(2~3절), 제자들에게 무엇이 임했나요?(4절상)

3. 그 일로 인해 제자들에게는 어떤 변화가 일어났나요?(4절)

4. 성령이 충만하다는 것은 우리의 마음과 생각에 무엇이 가득하다는 것인가요?

5. 하나님의 숨결이 제자들에게 부어졌을 때 제자들을 통해 어떤 기적이 일어났나요?(7~11절)

■ 워크샵

1. 지금까지 내가 생각한 자유는 무엇이었나요?

2. 성경에서는 "진정한 자유"를 무엇이라고 말씀하나요?

3. 진정한 자유를 누리기 위해 우리는 어떻게 진리를 볼 수 있을까요?

● 자유의 시작, 하나님의 가슴에 담긴 진리를 보는 삶! (실천해보세요)

1. 깊이 숨쉬기

어떤 상황	실천하고 난 느낌

2. 주님 생각하기

이번 주 설교말씀 기억해보기	
소그룹 시간에 나눈 이야기	
친구에게 들은 이야기	
성경에서 읽은(묵상한) 이야기	
그 외	

＊진정한 자유란 "하나님의 가슴에 담긴 진리를 보고 본 것을 담담하게 말할 수 있는 능력"이예요. 진리는 성령 충만할 때 볼 수 있어

요. 성령님은 하나님의 말씀을 생각할 수 있도록 도우시는 하나님의 영이시니까요. 성령님을 통해 우리의 마음과 생각 안에 하나님의 말씀이 가득하게 되고, 우리는 하나님의 가슴에 담긴 아름다운 계획을 바라보면서 진정한 자유를 누리게 되요.

읽을거리
● 자유 1 ●

지옥을 붙들고 있는 한(지상을 붙들고 있어도 마찬가지다) 천국은 볼 수 없다. 천국을 받아들이려면 지옥이 남긴 아주 작고 소중한 기념품까지 미련 없이 내버려야 한다. 물론 나는 천국에 간 사람이 자기가 포기한 것들을(오른 눈까지 뽑아 버렸다 해도) 아주 잃지 않았음을 발견하게 되리라고 굳게 믿는다.

그뿐 아니라 가장 저급한 소원의 형태로 추구했던 것의 진짜 알맹이가 뜻밖에도 '저 높은 곳'에서 그를 기다리고 있으리라 믿는다. 여행을 끝마친 이들은(오직 그들만이) "선이 모든 것이며 천국은 어디에나 있다"고 진심으로 말하게 될 것이다. 그러나 길의 이쪽 끝에 서 있는 우리가 종착지에 도착한 사람만이 뒤를 돌아보며 할 수 있는 생각을 미리 하려 드는 것은 잘못이다. 그러다 보면 자칫 "모든 것이 선하며 어디나 천국이다"라는 잘못된 명제, 파국을 부르는 역명제를 용인하게 되기 쉬운 탓이다.

그렇다면 지상은 무엇이냐는 질문이 나올 수 있다. 지상은 결국 별개의 장소가 아님을 깨닫게 되리라는 것이 내 생각이다. 천국 대신 지상을 선택한 사람은 지상이 처음부터 지옥의 한 구역이었음을 알게 될 것이다. 또 지상을 천국 다음 자리에 놓은 사람은 지상이 애초부터 천국의 일부였음을 알게 될 것이다.

C. S. 루이스, 『천국과 지옥의 이혼』 머리말에서 발췌.

chapter 2

자유 2

새롭게 되는 날
진리 선포: 자유는 진리를 말하는 것

1 제 구 시 기도 시간에 베드로와 요한이 성전에 올라갈새

2 나면서 못 걷게 된 이를 사람들이 메고 오니 이는 성전에 들어가는 사람들에게 구걸하기 위하여 날마다 미문이라는 성전 문에 두는 자라

3 그가 베드로와 요한이 성전에 들어가려 함을 보고 구걸하거늘

4 베드로가 요한과 더불어 주목하여 이르되 우리를 보라 하니

5 그가 그들에게서 무엇을 얻을까 하여 바라보거늘

6 베드로가 이르되 은과 금은 내게 없거니와 내게 있는 이것을 네게 주노니 나사렛 예수 그리스도의 이름으로 일어나 걸으라 하고

7 오른손을 잡아 일으키니 발과 발목이 곧 힘을 얻고

8 뛰어 서서 걸으며 그들과 함께 성전으로 들어가면서 걷기도 하고 뛰기도 하며 하나님을 찬송하니

9 모든 백성이 그 걷는 것과 하나님을 찬송함을 보고

10 그가 본래 성전 미문에 앉아 구걸하던 사람인 줄 알고 그에게 일어난 일로 인하여 심히 놀랍게 여기며 놀라니라

11 나은 사람이 베드로와 요한을 붙잡으니 모든 백성이 크게 놀라며 달려 나아가 솔로몬의 행각이라 불리우는 행각에 모이거늘

12 베드로가 이것을 보고 백성에게 말하되 이스라엘 사람들아 이 일을 왜 놀랍게 여기느냐 우리 개인의 권능과 경건으로 이 사람을 걷게 한 것처럼 왜 우리를 주목하느냐

13 아브라함과 이삭과 야곱의 하나님 곧 우리 조상의 하나님이 그의 종 예수를 영화롭게 하셨느니라 너희가 그를 넘겨 주고 빌라도가 놓아 주기로 결의한 것을 너희가 그 앞에서 거부하였으니

14 너희가 거룩하고 의로운 이를 거부하고 도리어 살인한 사람을 놓아 주기를 구하여

15 생명의 주를 죽였도다 그러나 하나님이 죽은 자 가운데서 그를 살리셨으니 우리가 이 일에 증인이라

16 그 이름을 믿으므로 그 이름이 너희가 보고 아는 이 사람을 성하게 하였나니 예수로 말미암아 난 믿음이 너희 모든 사람 앞에서 이같이 완전히 낫게 하였느니라

17 형제들아 너희가 알지 못하여서 그리하였으며 너희 관리들도 그리한 줄 아노라

18 그러나 하나님이 모든 선지자의 입을 통하여 자기의 그리스도께서 고난 받으실 일을 미리 알게 하신 것을 이와 같이 이루셨느니라

19 그러므로 너희가 회개하고 돌이켜 너희 죄 없이 함을 받으라 이같이 하면 새롭게 되는 날이 주 앞으로부터 이를 것이요

사도행전 3장 1~19절

서론

저는 어린 시절부터 서울 변두리, 장위동에서 자랐어요. 그곳은 산과 들, 그리고 개천이 흐르는 정겨운 동네였죠. 우리 동네에는 바위가 많은 "돌" 산, 그다지 높지 않고 언덕 같은 "떡" 산, 그리고 접근이 엄격히 통제 되던 "정보부" 산이 있었어요. 그 중에서 가장 자주 뛰어 놀던 산이 "떡" 산이에요. 대신 "돌" 산은 큰 맘 먹고 기어올라가서 놀던 곳이죠.

대학생이 된 후에는 그 동안 아파트가 세워지느라 사라진 "떡" 산이 아니라 "돌" 산에 산책 가는 것을 좋아하게 되었어요. 날씨 좋은 날 정상에 오르면 상당히 멀리까지 내다 볼 수 있었거든요. 가슴이 시원해지는 것도 여러 번 경험했죠.
그러던 어느 날, 바로 그 정상에서 한 할머니를 만났어요. 단아하게 쪽진 머리에 하얀색 한복을 곱게 차려입으신 할머니. 그 할머니는 조용히 연을 날리고 계셨어요. 연은 상당히 멀리 날고 있었어요. 저는 그 순간 '아! 참 자유롭다.' 라고 생각했던 것 같아요. 무엇인가에 끌리듯 조용히 할머니에게 다가갔어요.

그리고 여쭈었죠. "할머니, 연이 얼마나 멀리 날고 있나요?" 할머니께서 대답하세요. "2킬로미터 정도" 저는 깜짝 놀라 소리를 지를 뻔 했어요. '뭐라고 2킬로미터!! 연이 그렇게 멀리 날 수 있다고…… 우와! 정말 대단한걸.' 하지만 크게 말할 수 없었어요. 할머니는 마치 종교 의식을 치루는 것 같았거든요. 그래서 다시 조용히 여쭈었죠. "연이 어떻게 저렇게 멀리 날 수 있죠?" 할머니께서는 이렇게 대답하셨어요. "바람과 줄이지……"

저는 용기를 내서 다시 여쭈었어요.(그 당시 분위기에서 자꾸 할머니께 말을 시키는 것은 좋지 않은 행동을 하는 것처럼 느껴졌어요.) "저…… 할머니 조금 더 자세히 말씀해 주실 수 있을까요?" 할머니께서 저에게 시선을 주시지는 않았지만 조용히 다음과 같이 말씀하셨어요. "우선 연을 잘 만들어야지. 좋은 재료를 가지고 규격과 모양대로 정성껏 만들어야 해. 이게 기본이야. 그 다음은 큰 바람이야. 바람이 없으면 연은 날 수 없어. 바람은 하늘이 주시는 거지. 그 다음은 연이 자유롭게 날기 위해서 가장 중요한 것인데, 바로 튼튼하고 긴 줄이야. 줄을 만드는데 가장 많은 시간을 쓰지."

연이 하늘을 자유롭게 날 수 있는 것은 튼튼한 줄에 매여 있기 때문이지요. 만약에 연이 '아! 진정한 자유를 원해.'라고 생각하면서 스스로 줄을 끊는다면 그 순간 연은 땅에 곤두박질치고 말거예요. 물론 하늘을 뱅글뱅글 거리며 춤추듯 날아다닐 거예요. 잠시 동안 무척 자유롭게 보이겠죠. 분명한 것은 곧 땅 바닥에 곤두박질친다는 거예요. 그 순간 자유를 잃어버리는 것이죠. "자유"란 "내 마음대로 할 수 있는 상태"가 아니에요. "자유"란 "진리를 보고, 본 것을 담담하게 말하는 능력"이에요.

따라서 진정한 자유를 원하는 사람은 하나님의 가슴에 담겨 있는 진실을 봐야 해요. 하나님께서는 오순절에 하나님의 가슴에 담겨있던 자유의 숨결을 이 세상에 부어 주셨어요. 예수님의 말씀을 믿고 다락방에 모여 기도하던 120명의 제자들은 성령님의 도우심으로 자신들과 세상에 대한 하나님의 아름다운 꿈과 섬세한 계획을 볼 수 있게 되었어요. 그 후로 제자들은 기도하는 일에 집중했어요.

기도는 하나님과 나누는 이야기니까요. 하나님의 마음과 생각을 이해할 수 있는 길이니까요. 기도는 하나님의 가슴과 사람의 가슴이 소통할 수 있는 통로니까요. 제자들은 무엇보다도 기도에 집중했어요.

어느 날 오후 3시 기도하는 시간이 되어 베드로와 요한이 성전으로 올라가고 있었습니다. 사도행전 3장 1절(쉬운 성경)

오후 3시면 한창 일할 시간이지요. 하지만 제자들은 아무리 일이 많아도 기도하러 성전으로 올라갔어요. 진정한 자유는 진리를 보는 데서 시작된다는 사실을 경험했기 때문이에요. 기도로만 하나님 가슴에 담긴 진실을 맛볼 수 있다는 것을 알았기 때문이지요. 그래서 제자들은 정한 시간에 기도하는 데 집중했

실시간 검색
너무 바빠서 기도한다
1. 너무 바빠서 기도합니다 2. 빌 하이벨스 3. 아무도 보는 이 없을 때 　당신은 누구인가? 4. 윌로우크릭 5. 존 낙스

어요. 기도가 가장 중요하기 때문에 어떤 사람은 "너무 바빠서 기도한다."고 했어요. 또 어떤 분은 "기도하지 않는 민족보다 기도하는 한 사람이 더 위대하다."고 말했어요.

하나님과 진심으로 이야기를 나누면서 제자들은 자신과 세상을 하나님의 눈으로 보기 시작했어요. 하나님의 마음과 눈으로 바라보니 회복되어야 하는 부분이 보였어요. 그 자리에 머물러 있어서는 안 될 부분이 보이기 시작한 거죠. 그래서 선포한 거예요. "일어나세요. 거기 주저 앉아 있지 마세요."

기도 시간이 되어 베드로와 요한이 성전의 "아름다운 문"으로 들어가고 있었어요. 그런데 바로 그 자리에 태어날 때부터 앉은뱅이였던 40대 남자가 있었죠. 그는 고개를 숙인 채 습관적으로 손을 내밀었어요. "날 좀 도와주시오." 베드로는 그 남자를 하나님의 마음과 눈으로 바라보았어요. 하나님께서 그 남자를 이 세상에 보내실 때, 갖고 계신 꿈과 계획은 지금 구걸하는 모습과 어울리지 않는다는 것을 알았어요. 그래서 담담하게 말했어요. 성경 말씀을 한 번 읽어 보지요.

베드로가 이르되 은과 금은 내게 없거니와 내게 있는 것으로 네게 주노니 나사렛 예수 그리스도의 이름으로 일어나 걸으라 하고 오른손을 잡아 일으키니 발과 발목이 곧 힘을 얻고 뛰어 서서 걸으며 그들과 함께 성전으로 들어가면서 걷기도 하고 뛰기도 하며 하나님을 찬송하니.
사도행전 3장 6-8절

평생 구걸하던 사람이 베드로의 입술을 통해서 하나님의 말씀을 듣게 된 거예요. 능력의 이름 예수님! 구원의 이름 예수님! 평생 앉아서 구걸하던 이 남자가 처음으로 예수님을 마음으로 영접해요.

예수님을 영접한다는 것은 예수님의 주권을 인정하는 거예요. 자신의 지혜와 능력으로는 자신의 문제를 해결할 수 없다는 사실을 인정하는 거예요. '더 이상 물러설 곳이 없으니 명령하시는 대로 순종하겠습니다.'라고 고백하는 거예요.

공감하면 붐업
이 문장에 어느 정도 공감이 되나요? 위 빈 칸에 자신의 생각을 댓글로 달고 그 옆에 별점도 줘 보세요.

예수님을 영접하면 그때까지 자신을 억압하고 조종하던 죄와 죽음의 권세가 힘을 잃기 시작해요. 하나님의 자녀로서 거룩한 형상을 회복하고 권세를 누리기 시작하기 때문이에요. 거기까지 가면 새로운 자의식이 생기죠. 즉 자기 자신에 대해서 스스로 새로운 평가를 하기 시작하는 거예요.

예를 들면, 이런 거죠. '아! 내가 여기 이렇게 주저앉아 있을 사람이 아니구나. 당당하게 일어서야 하지 않겠어. 예수님 제 삶을 책임져 주세요.' 평생 "아름다운 문" 앞에서 구걸하던 그 남자에게 새롭게 되는 날이 다가온 거예요. 그리고 하나님께서 자신에게 행하신 놀라운 일을 말하기 시작했죠. 선포할 수

밖에 없습니다. 실제로 경험한 놀랍고 행복한 사건이니까요. 선포는 찬양이 되어 예루살렘 온 지역에 퍼져나갔어요.

본론

이 사실을 알게 된 예루살렘 사람들이 베드로와 요한에게 몰려들었어요. 그 사람들에게 베드로가 담담하게 말하지요. "우리가 능력이 있어서 이 사람을 치유한 것이 아닙니다." 이어서 베드로는 간단한 메시지를 선포하죠.

오늘 본문을 보세요.

> 너희가 거룩하고 의로운 이를 거부하고 도리어 살인한 사람을 놓아 주기를 구하여 생명의 주를 죽였도다. 그러나 하나님이 죽은 자 가운데서 그를 살리셨으니 우리가 이 일에 증인이라. 그 이름을 믿으므로 그 이름이 너희가 보고 아는 이 사람을 성하게 하였나니 예수로 말미암아 난 믿음이 너희 모든 사람 앞에서 이같이 완전히 낫게 하였느니라.
> 사도행전 3장 14-16절

이스라엘 사람들은 이 세상을 구원하시기 위해서 오신 하나님의 아들 예수 그리스도를 몰라보고 십자가에 못 박아 죽였어요. 예수님은 죄 때문에 멀어진 하나님과 사람을 이어주는 생명과 사랑의 끈이시죠. 그런데 사람들은 '아! 진정한 자유를 원해'라고 하면서 그 끈을 끊어버렸어요. 바로 이스라엘 사람들이 죽인 예수님께서 살아나셔서 지금 여기서 믿는 사람들에게 진정한 자유를 주시는 거예요.

이스라엘 사람들은 줄이 끊어진 연처럼 바닥에 곤두박질치고 말았어요. 베드로의 설교를 듣고 자신들의 죄를 알게 된 예루살렘 사람들은 고통스러워했어요. '우리가 하나님의 아들을 죽이다니……' 하나님의 주권과 사랑의 표상이신 예수님을 죽인 것이 모든 죄의 근본이죠. 가장 큰 죄지요. 이들에게 베드로가 위로의 말을 해요. "당신들이 몰라서 그런 겁니다."

대한민국 청소년들은 성공, 성취 지향적인 사회 분위기 때문에 과도한 압박을 받고 있어요. 많은 정신적, 정서적 부담감을 갖고 있어요. 분노, 짜증, 무력감이 쌓여서 우울감에 빠지기 쉽죠. 청소년들은 여기서 벗어나고 싶어서 종종 일탈을 꿈꾸기도 해요. 그래서 상당히 많은 청소년들이 교회와 학교에서 말하는 "죄"를 경험하게 되죠. 여기서 말하는 일탈적 "죄"는 대부분 정서적으로 달콤(?)하기 때문에 비밀스런 습관이 되기 쉽죠. 자연스럽게 죄책감에 빠지게 되요.

대부분의 기독청소년들이 이러한 자신의 모습을 몹시 싫어하죠. 스스로를 정죄하며 괴로워해요. '나 같이 하나님이 싫어하시는 죄를 밥 먹듯 짓고 무력하게 살아가는 사람은 정말 구제 불능이야…… 살아서 뭐해……' 그 습관화 된 행위를 멈추기 위해서 기회가 될 때마다 하늘로부터 내리는 능력을 받으려고 해요. 그 만큼 절실한 거죠. 그런데 별로 효과가 없어요. 왜냐하면 자기 스스로를 정죄하고 비난하는 것이 가장 큰 죄이기 때문이에요. 잘 들으세요. 하나님은 여러분을 사랑하세요. 여러분은 하나님의 형상대로 만들어진 존귀하고 아름다운 존재예요. ↳ twitter

스스로 하나님의 작품을 저주하는 것은 결코 옳지 않아요. 이스라엘 백성들이 하나님의 아들을 십자가에 달아 죽인 것을 생각해 보세요. 자기 자신을 비난하고 정죄하는 것은 곧 하나님의 아들을 십자가에 못 박는 것과 같아요.

하나님께서 여러분이 거기에서 벗어나 새로운 삶을 살 수 있도록 성령님을 보내 주셨어요. 하나님의 주권과 사랑의 표상인 성령님을 거부하는 것이 가장 큰 죄예요. 혹시 잘 몰라서, 또 너무 힘들어서 성령님을 거부한 친구가 있다면 어떻게 해야 할까요? 잘 모르고 예수님을 거부한 예루살렘 사람들에게 베드로는 "회개하고 자유롭게 되라."고 말하고 있어요.

> 그러므로 너희가 회개하고 돌이켜 너희 죄 없이 함을 받으라. 이같이 하면 새롭게 되는 날이 주 앞으로부터 이를 것이요.
> 사도행전 3장 19절

회개는 몸을 돌려 하나님을 바라보는 것이에요. 하나님께서 나를 만드시고, 사랑하시고, 소중하게 돌보신다는 사실을 믿음으로 바라보는 거예요. 하나님의 사랑 안에서 여러분이 얼마나 고귀하고 아름답고 찬란한 존재인지 알아가는 거예요. 자신의 가치를 인식하고 그 가치에 어울리는 인생을 살아갈 때 죄와 허물은 자연스럽게 정리되는 거예요. 이제 회개하고 새로운 인생을 살아가라고 초대하시는 하나님

📖 **팝업 성경**

그러므로 여러분은 회개하고 돌아와서, 죄 씻음을 받으십시오. 그러면 주님께로부터 편히 쉴 때가 올 것이며. _새번역

그러니 여러분은 회개하고 하느님께 돌아 오시오. 그러면 하느님께서 여러분의 죄를 깨끗이 씻어 주실 것이며 여러분은 주께서 마련하신 위로의 때를 맞이하게 될 것입니다.
_공동번역개정

의 부르심에 응답하는 과정을 간단히 설명할게요. 기억하기 쉽게 "회개의 ABC"로 설명하죠. 먼저 B로 시작할게요.

첫째, 믿으세요 Believe. 하나님께서 여러분의 주인이심을 신뢰하세요

하나님은 세상을 만드신 분이세요. 만물의 주인이세요. 모든 것을 하실 수 있는 분이시죠. 여러분의 인생을 책임지시는 분이세요. 하나님께서는 이 세상 사람들을 죄와 죽음에서 구원하시기 위해서 예수님을 이 땅에 보내셨어요. 지금도 생명과 자유의 영이신 성령님께서 만물을 바람처럼 만지셔서 모든 것을 회복시키고 계셔요. 하나님께서는 결국 모든 것을 새롭고 온전하게 회복시키실 거예요. 왜냐하면 모든 것이 하나님의 것이니까요.

오늘 본문 21절을 보세요. "만물을 회복하실 때까지는 하늘이 마땅히 그를 받아 두리라." 하나님께서는 여러분의 영혼과 생활을 위해서 모든 것을 하실 수 있으세요. 여러분의 생각과 마음이 자유롭고 활기차게 펼쳐지도록, 여러분의 생활이 더욱 행복해지도록 도와주세요. 여러분이 모든 면에서 온전해지는 것이 하나님의 계획의 일부에요. 시간이 필요하죠. 때로는 지루하고 때로는 아프기도 하지요. 하지만 하나님께서는 여러분을 향한 당신의 계획을 성실하게 성취하시는 분이세요.

둘째, 고백하세요 Confess. 하나님께 자신의 생각과 마음, 그리고 상황을 고백하세요

청소년들은 "회개"를 재판대 뒤에 앉아 계신 무서운 할아버지 같은 하나님께 자신이 지은 죄를 일일이 고백하며 눈물을 흘리는 것이라고 생각하는 경향이 있어요. 그래서 청소년들이 자신의 잘못을 입술로 고백하고 가슴 아파하면서 이처럼 기도하곤 하지요. "술 먹은 것 잘못했어요. 다시는 안 그럴게요.", "담배 핀 것 잘못했어요. 다시는 안 그럴게요.", "포르노 본 것 잘못했어요. 다시는 안 그럴게요.", "자위한 것 잘못했어요. 다시는 안 그럴게요." "회개"에 대한 이와 같은 생각은 어느 정도 맞아요. 하지만 꼭 기억해야 할 것이 있어요. 여러분이 정말 회개해야 할 것은 그런 행위보다도 그 행위로 인해 파괴된 여러분의 거룩한 정체성이에요. 하나님을 닮은 아름다운 형상이 파괴되는 것을 안타까워해야 합니다.

그러므로 회개하는 과정에서 주의해야 할 것이 있어요. 자신의 실수를 후회하는 과정에서 도가 지나쳐서 스스로 정죄하고 비난하는 것을 경계해야 합니다. '나 같은 게 무슨 그리스도인이야．', '또 같은 죄를 짓다니 염치도 없어 정말.', '나 같은 것은 조용히 사라지는 게 낫겠어.', '이럴 거면 말씀 묵상을 뭐 하려고 하나.', '또 넘어질 텐데, 뭐 하러 예배는 드려.' 버려질 것에 대한 두려움에 근거한 자기 정죄는 절대로 긍정적인 변화를 일으킬 수 없어요. 특히 "다시는 하지 않겠다."거나 "앞으로 이렇게 하겠다."는 방식의 과도한 결단을 너무 빨리 하지 않도록 주의해야 해요.

우선 자신이 하나님의 자녀로서 거룩한 형상을 훼손한 것에 대해서 잘못을 고백하세요. 하나님께서 얼마나 안타깝게 바라보실까 생각해 보세요. 그리고 이런 사람인 것을 알면서도 구원하시고 하나님의 사랑스런 자녀로 삼아주신 것을 감사하세요.

마지막으로 자신이 건전한 생활의 질서를 세우지 못하는 이유를 살펴보세요. 자신의 행동 이면에 있는 동기가 되는 정서를 살펴보세요. 외로움, 분노, 짜증, 무력감, 두려움, 긴장, 질투, 경쟁심 등을 주의 깊게 살펴보세요. 그리고 그 정서를 여러분이 알고 있는 단어로 하나님께 고백하세요.

'주님 제 마음 속에 이런 생각과 정서가 흐르고 있어요.' 어두움이 빛 가운데 드러나는 것처럼 주님 앞에 자신을 드러내는 연습을 하세요.

셋째, 행동하세요 Act**. 하나님께서 원하시는 대로 움직이세요**

하나님께 고백하면서 마음과 생각이 차분해지면 '아! 이렇게 혹은 저렇게 하고 싶다.' 는 거룩한(?) 의욕이 생길거예요. 성경에 보면 예수님을 만난 사람들에게 나타나는 특징 중의 하나는 '잘 살아 보고 싶다.' 는 의욕이 생긴다는 거예요. 청소년 중에는 하나님께 자신의 인생을 드리면 하나님께서 굉장히 어려운 것을 명령하실 것이라고 생각하는 친구들이 있어요. 그렇지 않아요. 하나님께서는 인격적인 분이세요.

여러분이 지금 여기서 쉽게 시작할 수 있는 것부터 안내해 주시죠. 운동선수를 지도하는 감독과 코치들도 얼마나 섬세하게 선수를 다루는지 잘 알잖아요. 기초체력을 키우고, 자세를 익히고, 기초기술을 전수하고, 팀 전략을 이해시키고, 자신이 감당해야 할 포지션을 숙지할 수 있도록 돕잖아요. 하물며 우리 인생을 책임지시는 하나님께서 얼마나 섬세하게 여러분을 돌보실지 생각해 보세요.

결론

평생 "아름다운 문" 앞에 주저앉아서 구걸하며 살아온 남자는 베드로를 통해서 듣게 된 하나님의 명령에 순종해요. 일어나서 걸었어요. 하나님의 말씀에 "지금 여기"서 순종하는 순간 그 남자의 인생에 새로운 일이 벌어졌어요. 평생 갈망하던 자유를 얻게 되었어요. 그 남자의 영혼과 생활이 새롭게 된 날이에요. 한 사람이 주님을 신뢰하고 마음을 고백하고 명령에 순종하는 순간 하늘로부터 내리는 자유의 숨결이 그 남자의 가족과 친구 뿐 아니라 이웃과 온 지역을 덮었어요.

신뢰, 고백, 그리고 순종을 통해 여러분의 영혼과 생활 가운데 자유의 숨결이 흐르기를 축복합니다. 여러분 때문에 여러분의 가족과 친구, 이웃과 이방인들이 자유의 숨결을 누리게 되기를 기대합니다.

생각해볼 질문들
● 자유 2 (행 3:1~19) ●

■ 성경질문

1. 제 구시(오후 3시)가 되자 베드로와 요한은 무엇을 하기위해 성전에 올라갔나요?(1절), 이때 누구를 주목하여 보았나요?(2~4절)

2. 그 사람은 베드로에게 무엇을 요구했나요? 그리고 베드로는 어떻게 했나요?(5~7절), 베드로는 어떤 마음으로 그 사람을 바라보았을까요?

3. 베드로를 통해 하나님의 말씀을 듣고 고침을 받은 사람은 어떻게 했나요?(8~9절), 그 사람 안에 어떤 변화가 일어났을까요?

4. 기적을 보고 몰려든 사람들에게 베드로는 이것이 누구를 통해 가능했다고 선포하고 있나요?(16절)

5. 어떻게 할 때 진정한 자유를 누리고 새로운 인생을 살게 된다고 선포하나요?(19절)

■ 워크샵

1. 어떻게 하면 내 자신과 세상을 하나님의 눈으로 볼 수 있을까요?

2. 진리를 본 사람과 보지 못한 사람은 마음, 생각, 자신과 세상을 대

하는 삶의 모습이 어떻게 다를까요?

3. 어떻게 해야 진리를 말하는 삶을 살 수 있을까요?

● 나에게 새겨진 진리를 보고, 말하는 삶! (실천해보세요)

1. 신뢰하기 | Believe

- 나에게 하나님은 어떤 분이신가요?

- 나를 위해 하나님께서 하신 일을 기억해보고 구체적으로 적어보세요.

2. 고백하기 | Confess

- 하나님의 자녀로서 거룩한 형상을 훼손한 것이 있다면 잘못을 고백해보세요.

- 그런 나를 구원하셔서 사랑스런 자녀로 삼아주신 하나님께 감사

를 고백해보세요.

_____

_____

- 내 안에 있는 어두운 정서(생각, 느낌)를 구체적인 단어로 고백해보세요.

_____

_____

3. 순종하기 Act

- 새롭게 되는 자유를 주시는 하나님을 신뢰하며 '지금 여기서' 다시 시작할 수 있는 일을 구체적으로 생각해보고 실천해보세요!

나 자신과의 관계 속에서	
주변 사람들과의 관계 속에서	
하나님과의 관계 속에서	

* 우리가 주님을 신뢰하고 마음을 고백하고 하나님의 뜻에 순종할 때 우리의 영혼과 생활 가운데 자유의 숨결이 흐르게 되요. 그리고 진리를 보고 말하는 우리 때문에 가족과 친구, 이웃과 이방인들이 자유의 숨결을 누리게 되죠.

읽을거리
● 자유2 ●

우리는 우리에게 주어지는 규칙이나 요청이 어떤 장점이 있는지, 또는 충분한 이유가 있는지를 '나의 기준에서' 따지게 됩니다. 그런데 이 기준을 하나님의 기준으로 전환할 필요가 있습니다. 그렇지 않으면, 우리가 우리 삶의 주인이 되고 하나님은 우리 삶의 주변부에 계실 수밖에 없습니다.

앤디 스탠리, 『7체크포인트』에서 발췌요약.

chapter 3

자유 3

죽음을 넘어서
진리 살기: 자유는 진리를 사는 것

54 그들이 이 말을 듣고 마음에 찔려 그를 향하여 이를 갈거늘
55 스데반이 성령 충만하여 하늘을 우러러 주목하여 하나님의 영광과 및 예수께서 하나님 우편에 서신 것을 보고
56 말하되 보라 하늘이 열리고 인자가 하나님 우편에 서신 것을 보노라 한대
57 그들이 큰 소리를 지르며 귀를 막고 일제히 그에게 달려들어
58 성 밖으로 내치고 돌로 칠새 중인들이 옷을 벗어 사울이라 하는 청년의 발 앞에 두니라
59 그들이 돌로 스데반을 치니 스데반이 부르짖어 이르되 주 예수여 내 영혼을 받으시옵소서 하고
60 무릎을 꿇고 크게 불러 이르되 주여 이 죄를 그들에게 돌리지 마옵소서 이 말을 하고 자니라
1 사울은 그가 죽임 당함을 마땅히 여기더라

사도행전 7장 54절~8장 1절상

서론

 허봉기 목사님의 『사도가 코고는 소리』라는 책에 보면 일본 현자賢者 하꾸인이란 분의 일화가 소개되어 있어요. 작은 동네에 한 처녀가 임신을 했어요. 딸의 배가 불러 오니 화가 난 아버지가 호통을 쳤지요. "아이의 아버지가 누구냐?" 다급해진 처녀는 "옆집에 사는 현자 하꾸인입니다."라고 둘러 댔어요. 출산 후에 갓난아이를 안고 하꾸인에게 찾아간 아버지는 "유명한 현자가 어떻게 이럴 수 있느냐? 당신이 키워라."고 크게 꾸짖었지요. 그러자 하꾸인은 "아 그렇습니까?"라고 대답했어요. "당신에게 정말 실망했어요.", "어떻게 겉과 속이 이렇게 다르죠?" 동네 사람들의 비난을 받을 때도 현자 하꾸인은 "아 그렇습니까?"라고 대답했어요.

 하꾸인은 부모에게 버림받은 아이를 정성껏 보살폈어요. 얼마간의 시간이 흘렀어요. 아이는 잘 자랐어요. 같은 동네에서 잘 자라나는 자신의 아이를 지켜보는 엄마는 양심에 가책을 느꼈어요. 어느 날 자신의 아버지에게 사실을 고백했지요. "사실 아이의 아빠는 하꾸인님이 아닙니다." 깜짝 놀란 아버지는 하꾸인의 집에 찾아가 사죄했어요. "죄송합니다. 하꾸인님 제가 오해하고 큰 실례를 범했습니다. 아이를 돌려주세요." 그러자 하꾸인이 대답했어요. "아 그렇습니까?" 사실을 알게 된 동네 사람들이 현자 하꾸인에게 물었습니다. "왜 변명을 하지 않으셨어요?", "왜 잘잘못을 따지지 않으시죠?" 그때에도 하꾸인은 "아 그렇습니까?"라고만 대답했어요.

※ ※

현자 하꾸인은 자신의 모습이 다른 사람들에게 "어떻게 보이느냐?"보다는 스스로 선택한 의미 있는 인생의 길을 걸어가면서 "어떻게 사느냐?"에 관심이 많은 사람이었어요. 다른 사람의 시선 보다는 자기 자신의 시선을 의식하는 사람이에요. 자기 자신의 시선을 의식하는 사람은 겉과 속이 일치되는 삶을 살려고 노력하는 경향이 있어요. 왜냐하면 자기 자신의 시선은 자신의 내면을 살필 수 있기 때문이지요.

반면에 대부분의 사람들은 다른 사람의 눈을 의식하는 경향이 있어요. 선한 사람으로 보이고 싶어 해요. 선하게 사는 데에는 관심이 비교적 적어요. 주변 사람들의 시선을 많이 의식해요. '저 친구가 나를 어떻게 볼까?', '선생님이 나를 까칠한 아이로 보실까?', '아! 쿨하게 보이고 싶은데……', "어떻게

> **링크타고 서핑서핑**
>
> **천사 콤플렉스의 증상**
> ① 완벽해야 한다
> ② 바쁘게 살아야 한다
> ③ 침묵은 금이다
> ④ 화는 꾹 참아야 한다
> ⑤ 불합리한 추론에 근거한다
> ⑥ 선의의 거짓말을 한다
> ⑦ 조언을 일삼는다
> ⑧ 도우미가 되기를 자청한다
> ⑨ 아픔을 감싸주려 한다
>
> 듀크 로빈슨, 『내 인생을 힘들게 하는 좋은 사람 콤플렉스』, 소울메이트, 2009

사느냐?" 보다는 "어떻게 보이느냐?"에 지나치게 신경을 쓰는 사람은 생각이 복잡해요. "천사 콤플렉스"에 빠지는 친구들도 있어요. 천사처럼 보이고 싶은 거죠. 부탁을 받으면 거절을 못해요. "NO"라고 못해요. 가족과 친구에게 자신의 생각과 마음을 정직하게 나누지 못해요. 점점 바쁘고 분주하죠. 크고 작은 짐을 짊어지고 비틀거려요. 일과 관계의 질이 떨어지죠. 지쳐요. 짜증도 나죠. 근육이 뭉치듯 감정과 정서가 뭉쳐요. 나중에는 자신의 신앙심까지도 의심이 되요. '예수 믿는 사람이 왜 이 모양일까?' 하고.

이렇듯 다른 사람의 시선을 의식하면 좋은 평판과 인정을 얻을 수 있지만 내면의 힘을 잃게 되요. 당당하기 힘들어요. 자신의 길을 걷지 못하죠. 사람들과 함께 있을 때는 살아 있는 것 같아요. 하지만 혼자 남겨지면 외로움에 빠져요. 많은 청소년들이 고백해요. "목사님! 요즘 사는 게 사는 게 아니에요.", "목사님! 정말 마지못해 살고 있어요.", "목사님! 정말 살맛이 안 나요." 자기 자신으로 살지 못하면 죽은 거나 마찬가지에요. 하나님께서 여러분을 독립적이고 자율적인 존재로 창조하셨기 때문이에요.

"하나님께서 만드신 나답게 살고 싶어요."라고 말하는 청소년들에게 저는 이렇게 말해요. "예수님을 생각하라."고 말해요. 예수님에게는 여러 가지 다양한 모습이 있어요. 한 없이 사랑이 많으신 모습, 심하게 꾸짖는 모습, 먹고 즐기시는 모습, 쉬지 않고 일하시는 모습. 여러분도 예수님의 모습을 생각해보세요. 예수님은 여러분이 생각하는 대로 착하기만 하신 분은 아니었어요. ⌐, twitter

마리아와 요셉 부부가 성전에 갔다가 12살 된 예수님을 잃어버렸어요. 3일 만에 찾았는데, 부모님에게 예수님 하는 말이 "아니 내가 아버지 집에 있어야 할 것을 모르셨나요?"였어요. 제 아들이 지금 16살인데, 여름 수련회 후에 실종되었다가 3일 만에 교회 기도실에서 발견되었다고 합시다. 저를 처음 보면서 "수련회 후에 은혜 받고 기도에 전념하는 것은 자연스럽지 않아요?"라고 했다고 생각해보세요. 못된 거 아닌가요? 이해하기 어렵죠.

예수님께서 때가 되어 3년 동안 동거해온 사랑하는 제자들에게 "십자가의 죽음"을 고백하셨죠. 베드로가 나서서 "선생님을 그렇게 처참하게 돌아가시게 할 수 없어요."라고 했어요. 그러자 예수님께서 베드로에게 "야! 이 사탄아 내 앞에서 물러나라."라고 말씀하셨어요. 제가 청소년들을 모아 놓고 "얘들아 목사님은 앞으로 예수님처럼 복음을 전하다가 세상 사람들에게 미움과 고통을 받을 거야."라고 말하니까 한 아이가 나서서 "목사님 혼자 그렇게 고통 받게 할 수 없어요."라고 말할 수 있지요. 안 그러면 섭섭하죠. 그런데 제가 그 아이에게 "야! 사탄아 내 뒤로 물러나라."라고 했다고 생각해 보세요. 저는 정말 까칠하고 도도한 남자 아닌가요?

※ ※

예수님은 적절한 때에 적절한 방법으로 꼭 하셔야 할 말씀을 하신 분이세요. 그렇다고 생각 없이 하고 싶은 말을 퍼부으시지도 않으셨어요. 자신을 십자가에 못 박는 로마 군인들을 바라보면서 "아버지 저들의 죄를 용서해 주세요. 몰라서 그래요."라고 하셨죠.

예수님은 하나님의 선하신 계획안에서 당신이 걸어 가셔야 할 길을 묵묵히 걸어가셨어요. 예수님께서는 자신의 인생을 다음과 같이 설명하세요.

아버지께서 내게 하라고 주신 일을 내가 이루어. 요한복음 17장 4절상

중요한 것은 "어떻게 보이느냐?"가 아니라 "어떻게 살아가느냐?"에요. 예수님은 세상 모든 사람의 자유와 회복을 위해서 십자가의 길을 걸어 가셨어요. 자신의 영혼과 몸을 십자가 위에 내려 놓으셨죠. 그렇게 죽음을 넘어서 영원한 자유의 길을 걸어 가셨어요. 부활하신 예수님께서 제자들에게 잠시 모습을 드러내셨죠. 시간도, 공간도, 그 어떤 것도 예수님을 가둘 수 없었죠.

대부분의 청소년들이 "자유"를 원해요. "내 마음대로 하고 싶다."는 거죠. 하지만 "자유"는 "내 마음대로 할 수 있는 상태"가 아니에요. 그렇다고 다른 사람의 기준에 맞추기 위해서 자기 자신을 억압하는 것도 아니에요. 진정한 자유는 "진리를 보고", "본 것을 담담하게 말하고", 그리고 "그대로 살아가는 것."이에요. 다른 사람들의 시선을 너무 많이 의식하지 않으면서, 다른 사람을 무시하지 않으면서 하나님께서 계획하신 아름다운 나만의 인생길을 걸어가는 자유를 누리려면 어떻게 해야 할까요?

본론

오늘 본문에 보면 하나님의 뜻 안에서 자기 자신의 길을 묵묵히 걸어가는 한 사람을 만날 수 있어요. 스데반 집사님은 하나님의 가슴에 담긴 진리를 봤어요. 이 세상을 긍휼히 여기시는 하나님 아버지의 마음과 계획을 본 거예요. 그것을 말하지 않을 수 없었어요. 스데반 집사님은 진리를 보고 담담하게 말했어요.

스데반이 성령 충만하여 하늘을 우러러 주목하여 하나님의 영광과 및 예수께서 하나님 우편에 서신 것을 보고 말하되 보라 하늘이 열리고 인자가 하나님 우편에 서신 것을 보노라. 사도행전 7장 55-56절

그러자 사람들이 달려들어 스데반 집사님을 성 밖으로 끌고 가서 돌로 쳐서 죽였어요. 이로써 스데반 집사님은 기독교 역사상 첫 번째 순교자가 되셨죠. 그 후로 핍박은 더욱 심해졌고 기독교인들은 핍박을 피해서 유럽과 아시아 전역으로 흩어졌어요. 기독교인들은 가는 곳마다 자신들이 본 것을 말하기 시작했어요. "하나님이 당신을 사랑하십니다. 예수님께서 죽음

을 이기셨습니다. 그러니까 죽음과 죄에 대해서 너무 두려워하지 마세요. 영원히 행복하게 살 수 있는 길이 있습니다."

진리를 따라 살았던 스데반 집사님의 순교를 통해서 영혼을 자유롭게 하는 진리가 세상 사람들에게 흘러갔던 거예요. 이제 스데반 집사님의 삶을 들여다보고 싶군요. 도대체 무엇이 스데반 집사님으로 하여금 진리대로 살아갈 자유를 준 것일까요? 그에 대한 힌트를 얻을 수 있는 성경 말씀이 있어요.

스데반이 은혜와 권능이 충만하여. 사도행전 6장 8절상

스데반 집사님은 예수님의 "은혜"와 성령님의 "권능"에 사로잡혀 사셨어요. 즉 성삼위일체 하나님을 인정하고, 성삼위일체 하나님과 동행하고, 성삼위일체 하나님께 순종하며 사셨어요. 사랑 받아 본 사람은 알아요. 부족함이 없어요. 아쉬움이 없어요. 지금 내 앞에 있는 한 사람이 나를 진심으로 사랑해줄 때, 그 누구의 격려와 위로도 더 필요하지 않아요. 그렇지 않나요?

> 📖 **팝업 성경**
>
> Stephen was filled with grace and power _NJPST
>
> 스데파노는 하느님의 은총과 성령의 힘을 가득히 받아 _공동번역

성삼위일체 하나님께서 여러분을 바라보시며 "사랑한다."고 고백하시는 것을 매일 경험하며 산다면 얼마나 좋을까요? 다른 사람의 시선을 의식하는 데에서 벗어날 수 있지 않을까요? 이제 성삼위일체 하나님의 사랑을 구체적으로 받아들이는 과정을 살펴보도록 하죠. 여기서는 예수님의 은혜와 성령님의 권능을 중심으로 살펴보도록 하겠습니다.

첫째, 하나님의 눈으로 자신을 바라보세요

"은혜"는 다른 말로 "선물"이에요. 선물을 받으면 기분이 좋아요. 기분이 좋다고 돈을 내는 사람은 없어요. 선물은 언제나 공짜이기 때문이에요. 하나님께서 여러분에게 주신 가장 좋은 선물은 "구원"이지요. 구원은 죄와 죽음의 세력인 사탄의 손아귀에서 여러분을 건져내신 사건이에요. 구원을 받은 여러분이 하나님께 지불할 것은 아무것도 없어요. 여러분의 영혼과 몸의 값으로 예수 그리스도를 지불하셨기 때문이에요.

은혜는 "죄 때문에 도저히 받아들여질 수 없는 사람이 하나님에게 받아들여진 것"이에요. 여러분은 하나님에게 받아들여진 사람이에요. 사람들에게 칭찬받기 위해서 과도하게 노력하지 않아도 되요. 적절한 예가 될지 모르겠지만 한 번 이야기해 보죠.

한 아리따운 소녀가 있어요. 외모만큼 성품도 아름다웠죠. 소녀의 소문을 들은 왕자가 그녀를 아내로 맞이하기로 결정했어요. 이제 소녀는 짐을 싸서 떠나야 해요. 드디어 떠나는 날 아침이 되었어요. 예쁜 옷을 차려입고, 아름답게 치장을 해요. 왕에게 예쁘게 보이기 위해서지요. 바로 그 순간 소녀는 옆집 총각과 마을 청년들의 시선을 의식할 필요가 있을까요? '아랫동네 춘삼이가 파란색을 좋아하니까 양말은 파란색으로 신어야지.', '옆집 사는 동춘이가 주황색을 좋아하니까 머리핀은 주황색으로 하고.' 말이 안 되잖아요.

여러분 중에는 "하나님께서 나를 구원하신 것은 알지만 종종 나를 좋아하시는지 의심이 들어요."라고 말하는 친구들이 있어요. 여러분이 하나님께 받아들여졌다는 사실을 알 수 있는 길이 있어요. 하나님의 말씀에 순종해 보는 거예요. 예수님께서 요단강에 가서서 세례 요한 앞에서 무릎을 꿇었어요. 세례 요한이 "제가 예수님께

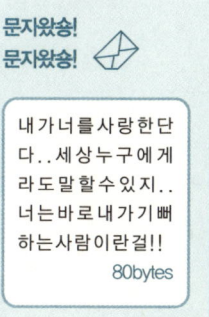

세례를 받아야 하는데 왜 예수님께서 제게 세례를 받으시려고 하나요?"라고 말했어요. 그러자 예수님은 "이것이 하나님의 뜻이고, 이에 순종하는 것이 좋습니다."라고 대답하셨어요. 예수님께서 세례를 받으실 때, 하나님께서 말씀하셨어요. "이는 내 사랑하는 아들이요. 내 기뻐하는 자라."(마 3:17)

목사님, 전도사님이 하시는 설교를 들을 때, 소그룹 시간에 선생님과 나누는 대화중에서, 신앙과 성품이 좋은 친구와 진지하게 대화하는 중에, 가끔 '아! 하나님께서 나한테 이렇게 하기를 원하시나?' 라는 생각이 들 때가 있죠? 그러면 한 번 실천해 보는 거예요. 그러면 여러분의 내면에 영적인 뿌듯함, 자긍심이라고도 하고, 내면의 힘이라고도 부르는 영적 기쁨이 차오르는 것을 경험하게 될 거예요. 그거 참 좋은 거예요. 한 번 시도해 보세요.

둘째, 성령님의 능력으로 세상을 바라보세요

"권능"은 하나님의 능력이에요. 하나님의 능력이 가장 아름답게 표현된 사건을 두 가지만 설명할게요. 하나는 말씀으로 세상을 창조하신 거구요. 또 하나는 예수 그리스도께서 죽음과 죄의 권세를 이기시고 삼일 만에 부활하신 거예요. 두 사건 모두 엄청난 거죠. 여기서는 그 중에서 부활 사건에 대해서 생각해 보죠. 성령은 부활하신 예수 그리스도의 영이에요. 성령님은 죽음과 죄의 권세를 이기신 분이시죠. 오늘 본문을 보면 스데반 집사님도 순교 직전에 "성령 충만"하셨다고 기록되어 있어요. 성령 충만한 사람은 죽음 앞에서도 물러서지 않아요.

※ ※

현대 사회에서도 지역에 따라서 순교자들이 있어요. 제가 아는 인도인 선교사님은 젊은 시절 복음을 전하다가 고국의 청년들에게 죽기 직전까지 맞았다고 하세요. 그것도 여러 번 그랬다고 해요. 인도 뿐 아니라 극렬한 일부 회교도들이 거주하는 지역에서는 지금도 기독교인들이 순교를 당하고 있어요. 저와 여러분이 생활하는 대한민국과 대부분의 서구 사회에서는 더 이상 순교자가 나오지 않고 있죠.

하지만 급속하게 변화하는 사회에서 많은 구성원들은 극심한 스트레스를 받고 있어요. 영적, 정서적, 정신적, 그리고 신체적으로 부담을 많이 느끼는 사람들은 종종 "죽을 것 같다."거나 "더 이상 못 버티겠다."고 탄식 섞인 고백을 하곤 하죠.

바로 그 순간 성령 충만한 사람들은 다시 일어서는 거예요. 다시 도전하는 거죠. 왜냐하면 죄와 죽음의 권세를 이기게 하시는 성령님께서 함께 하신다는 것을 믿기 때문이죠.

성령님의 눈으로 여러분 자신을 바라보세요. 성령님의 눈으로 세상을 바라보세요. 가정, 진로, 친구, 성적, 외모, 그리고 성격 등을 생각하면 답답한 것이 한두 가지가 아니에요. 다 포기하고 싶을 때가 많죠. 사람들이 사회적인 평가 기준을 가지고 여러분을 판단할 때가 있어요. 사실 대부분 그렇죠. 그때, 상식적(?)으로는 포기해야 맞는 것처럼 보일 때가 있어요. 여러분 자신도 스스로를 포기하고 싶으시죠. 왜 안 그렇겠어요. 저도 그랬어요. 우울하죠. 자신이 빈껍데기처럼 느껴질 때가 있어요. 만지면 "푸석"하면서 부서질 듯 메마른 것처럼 느껴지기도 하죠. 바로 그때, 어렵지만 성령님이 함께 하신다는 사실을 기억하세요. 다시 시작하세요.

☆☆☆☆☆

공감하면 붐업
이 문장에 어느 정도 공감이 되나요? 위 빈 칸에 자신의 생각을 댓글로 달고 그 옆에 별점도 줘 보세요.

결론

　하나님께서 여러분을 사랑하세요. 사랑은 있는 모습 그대로를 인정하고 받아들이는 거죠. 하나님께서는 여러분을 자율적이고 독립적인 존재로 창조하셨어요. 여러분이 자유를 갈망하는 이유는 하나님께서 여러분을 자유로운 존재로 창조하셨기 때문이에요. 계속해서 말씀드리지만 자유는 진리를 보고, 진리를 말하고, 진리에 따라 살아갈 때, 누릴 수 있는 거예요. 진리는 하나님의 가슴에 담겨있어요.

　하나님의 가슴에는 여러분에 대한 사랑, 비전, 그리고 계획이 담겨있어요. 여러분이 이것을 본다면, 하나님께서 여러분을 얼마나 사랑하시는지 더 자세히 알게 될 거예요. 여러분이 얼마나 소중한 존재인지 알게 될 거예요. 세상이 얼마나 아름답게 가꾸어져야만 하는지 알게 될 거예요.

＊＊

　오늘 여러분이 읽은 성경에는 그런 삶을 살아가면서 꼭 알아야 할 두 가지에 대해서 기록하고 있어요. 하나님의 눈으로 자신을 바라보는 것. 그리고 성령님의 능력으로 세상을 보는 것이에요. 이렇게 할 때, 여러분의 내면에 깃드는 마음과 생각에 작은 변화가 생길 거예요. 그것을 놓치지 마세요. 세상이 뭐라 해도 그것이 진실이에요. 그것이 진리죠. 그 마음을 품고 사세요.

좋은 마음을 담고 사는 사람은 큰 존재가 되요. 여러분이 '야! 저 사람 참 멋지다.', '아! 저 사람 참 괜찮다.'라고 생각하는 사람은 그 내면에 좋은 마음을 품고 있는 사람이에요. 좋은 마음을 품고 사는 사람은 좋은 삶을 선택할 가능성이 커져요. 진리를 품고 사는 사람은 진리를 따라 살 가능성이 커져요. 그렇게 자유로운 삶을 누리게 되기를 바라요. 그렇게 죽음 앞에서도 자신의 삶을 살아가기를 바라요.

하나님께서 계획하신 대로 당당하고 겸손하게, 여유롭고 성실하게 자기 자신의 길을 걸어가기를 바라요. 여러분이 걸어간 그 길을 따라서 다른 사람들도 진리 안에서 자유를 누리는 생활을 선택할 수 있도록……

생각해볼 질문들
● 자유 3 (행 7:54~8:1상) ●

■ 성경질문

1. 하나님의 말씀을 선포하는 스데반을 향해 유대인들은 어떤 반응을 보였나요?(54절)

2. 스데반은 성령 충만함 가운데 무엇을 보고 말했나요?(55~56절)

3. 이에 대해 격분한 유대인들은 스데반을 어떻게 했나요?(57~59절)

4. 죽어가는 스데반은 누구에게 자신의 영혼을 의지했나요?(59절) 또한 자신을 죽이는 유대인들을 위해 뭐라고 기도했나요?(60절)

5. 스데반의 죽음에 대해 사울은 어떤 태도를 취했나요?(8:1절)

■ 워크샵

1. 내 모습 중에서 다른 사람들의 시선과 평판을 너무 많이 의식하는 부분은 무엇인가요?

2. 다른 사람에 대해 유독 좋지 않은 마음으로 평가하게 되는 부분은 무엇인가요?

3. 하나님께서 계획하신 아름다운 나만의 길을 걸어가는 자유를 누리기 위해서는 어떻게 해야 할까요?

● 진리를 사는 삶! (실천해보세요)

1. 하나님의 눈으로 자신 바라보기

- 나는 어떤 기준으로 나를 바라보고 있나요?

_____
_____

- 하나님은 나를 어떻게 바라보고 계신가요? ("구원"이라는 가장 좋은 선물을 주신 하나님의 은혜를 기억해보세요)

_____
_____

- 매일 아침 눈 뜰 때 스스로에게 이야기 해보세요.
 "나는 하나님의 사랑하는 자녀요, 하나님이 기뻐하는 자다!"

_____
_____

2. 성령님의 능력으로 세상 바라보기

- 포기하고 싶고 우울할 때 나와 함께 하시는 성령님을 기억해보세요. 한 주간 성령님을 기억하며 나의 마음과 생각에 깃드는 작은 변화가 있는지 잘 살펴보고 품어보세요.

나를 힘들게 하는 상황	하나님이 주시는 마음과 생각의 작은 변화(진리)	진리를 품고 지낼 때 내 삶에 일어난 변화

✱ 하나님께서 계획하신 아름다운 나만의 길을 걸어가는 자유는 은혜와 권능이 충만할 때 누릴 수 있어요.

나를 온전히 받아들여주신 하나님의 은혜를 기억하며 하나님의 눈으로 나 자신을 바라보는 것, 성령님의 능력으로 인해 우리 내면에 깃드는 마음과 생각의 작은 변화를 품고 좋은 마음으로 세상을 바라보는 것. 이것이 바로 진리를 사는 삶이에요.

우리가 진리를 살 때 우리가 걸어간 길을 따라서 다른 사람들도 진리 안에서 자유를 누리는 생활을 선택할 수 있어요.

읽을거리
●자유3●

그러던 어느날 내 맘에 찾아온

작지만 놀라운 깨달음이

내일 뭘 할지 내일 뭘 할지 꿈꾸게 했지

사실은 한번도 미친 듯 그렇게

달려든 적이 없었다는 것을

생각해봤지 일으켜 세웠지 내 자신을

말하는 대로 말하는 대로

될 수 있단 걸 눈으로 본 순간 믿어보기로 했지

맘먹은 대로 생각한 대로

할 수 있단 걸 알게 된 순간 고갤 끄덕였지

유재석, 〈말하는 대로〉 가사 중에서 발췌.

chapter 4

권위 1

자유롭게 하는 능력
인정하기: 자유는 권위를 인정하는 것

9 이튿날 그들이 길을 가다가 그 성에 가까이 갔을 그 때에 베드로가 기도하려고 지붕에 올라가니 그 시각은 제 육 시더라

10 그가 시장하여 먹고자 하매 사람들이 준비할 때에 황홀한 중에

11 하늘이 열리며 한 그릇이 내려오는 것을 보니 큰 보자기 같고 네 귀를 매어 땅에 드리웠더라

12 그 안에는 땅에 있는 각종 네 발 가진 짐승과 기는 것과 공중에 나는 것들이 있더라

13 또 소리가 있으되 베드로야 일어나 잡아 먹어라 하거늘

14 베드로가 이르되 주여 그럴 수 없나이다 속되고 깨끗하지 아니한 것을 내가 결코 먹지 아니하였나이다 한대

15 또 두 번째 소리가 있으되 하나님께서 깨끗하게 하신 것을 네가 속되다 하지 말라 하더라

16 이런 일이 세 번 있은 후 그 그릇이 곧 하늘로 올려져 가니라

17 베드로가 본 바 환상이 무슨 뜻인지 속으로 의아해 하더니 마침 고넬료가 보낸 사람들이 시몬의 집을 찾아 문 밖에 서서

18 불러 묻되 베드라 하는 시몬이 여기 유숙하느냐 하거늘

19 베드로가 그 환상에 대하여 생각할 때에 성령께서 그에게 말씀하시되 두 사람이 너를 찾으니

20 일어나 내려가 의심하지 말고 함께 가라 내가 그들을 보내었느니라 하시니

21 베드로가 내려가 그 사람들을 보고 이르되 내가 곧 너희가 찾는 사람인데 너희가 무슨 일로 왔느냐

22 그들이 대답하되 백부장 고넬료는 의인이요 하나님을 경외하는 사람이라 유대 온 족속이 칭찬하더니 그가 거룩한 천사의 지시를 받아 당신을 그 집으로 청하여 말을 들으려 하느니라 한대

23 베드로가 불러 들여 유숙하게 하니라

사도행전 10장 9~23절

서론

> **실시간 검색**
>
> 미국의 뉴욕 주지사
>
> 1. 시각 장애인 뉴욕 주지사
> 2. 최초의 흑인 뉴욕 주지사
> 3. 데이비드 패터슨
> 4. David Alexander Paterson
> 5. 브루클린

사랑하는 청소년 여러분에게 두 사람을 소개하고 싶군요. 미국의 뉴욕 주지사에요. 그는 시각 장애인이에요. 태어날 때부터 왼쪽 눈의 시력을 잃었어요. 오른쪽 눈은 색상과 형체만 조금 알아볼 뿐이지요. 어린 시절, 자신의 장애를 운명으로 받아들였어요. 청소년 시절, 일상을 누리기 위해 상상할 수 없는 어려움을 감당해야 했어요. 청년 시절, 사회적 한계를 넘어서기 위해 자신의 한계와 담판을 지어야 하는 날들이 이어졌어요. 그리고 그는 뉴욕 주지사가 되었어요.

자신의 한계와의 싸움이 거기서 끝난 것은 아니에요. 지겹고도 지루한 싸움은 주지사가 된 후에도 이어졌어요. 고도의 집중력을 필요로 하는 연습을 지속적으로 감내하고 나서 드디어 지팡이 없이 청사를 씩씩하게 걸어 다니게 되었어요. 연설을 하기 전에는 보좌관이 녹음해준 연설문을 반복해서 듣고 암기하고 연습하여 탁월하게 감당하고 있어요. 사람들은 생각하죠. 그리고 확신해요. "시각 장애인은 업무능력에 한계가 있다.", "시각 장애인은 공동체의 리더가 될 수 없다." 하지만 그는 자신의 생활을 통해서 일반적인 통념을 넘어섰어요. 그가 바라본 진실을 무엇일까요?

※※

앤드류 존스턴Andrew Johnston은 왕따에요. 같은 반 아이들이 앤드류를 싫어하는 이유가 무엇인지 아세요? 앤드류가 클래식 음악을 좋아하기 때문이에요. 같은 반 아이들은 앤드류에게 "노래를 흥얼거리지 마라.", "노래를 듣지 마!"라고 윽박지르며 때리기까지 했어요. 소년 앤드류는 매일매일 견디기 힘든 일상을 버텨야만 했어요. 얼마나 무섭고 고통스러웠을까요? 놀라운 사실은 그 어린아이가 노래를 포기하지 않았다는 거예요. 그는 "사람들이 원하지 않을 때는 포기해야 한다.", "정당하지 못한 사람들에게 맞서지 않는 것이 편하다."라는 통념 앞에 물러서지 않았어요.

그리고 14세 청소년 앤드류는 한 노래자랑에 나가서 자신의 목소리를 세상에 들려주게 되었어요. 여러분 중에는 그 소년

실시간 검색

앤드류 존스턴

1. 제2의 폴 포츠
2. One Voice
3. 오디션 프로그램 원조
4. 브리튼스 갓 탤런트
5. 왕따 극복

의 노래를 들어본 친구도 있을 거예요. 지금 "앤드류 존스턴"을 검색해서 그가 노래 부르는 동영상을 한 번 감상하셔도 좋을 것 같네요. 특히 그가 부르는 노래를 듣는 청중들의 표정도 살펴보세요. 사회적 통념과 편견을 온 몸으로 버텨 낸 한 아이의 노래 때문에 여러분의 가슴에 어떤 일이 벌어지는지 느껴보세요. 그리고 아름답고 찬란한 세상으로 초대되는 것처럼 보이는 청중들의 표정도 살펴보세요.

✻ ✻

그리스도인은 사람들을 새로운 세상으로 초대하는 사람들이에요. 이런 예화가 있어요.

어떤 사람들이 버스를 타고 스위스의 웅장한 자연 속을 여행하고 있었어요. 그들은 커튼을 닫고, 큰 소리로 노래하며, 정신없이 춤을 추고, 간식을 먹으면서 다음 목적지로 향하고 있었어요. 그때, 한 사람이 커튼을 열고 창 밖에 펼쳐진 아름다운 자연을 보면서 '아! 진정 아름다운 세상이야!' 라고 생각하지요. 그리고 옆 사람에게 "커튼을 여세요. 아름다운 경치를 보세요."라고 말해요. 옆 사람도 창 밖에 펼쳐진 자연 경관을 보면서 '아! 진정 아름다운 세상이군!' 이라고 생각하지요. 한 사람 한 사람이 커튼을 열고 창밖을 보기 시작했어요. 점점 노래 소리가 잦아들고, 모든 사람이 창밖의 아름다운 자연을 감상하게 되었어요.

그리스도인은 손에 잡히고 눈에 보이는 현실 너머의 진리를 바라보는 사람들이에요. 하나님께서 사랑으로 다스리시는 아름다운 세상을 먼저 보는 사람들이지요. 그리고 그 세상에 대해서 사람들에게 말해서 그들도 그 세상을 함께 볼 수 있도록 도와주는 사람들이에요. 그런 의미에서 그리스도인들은 길을 열고 사람들을 올바른 길로 인도하는 사람들이에요. 그래서 베드로 사도는 그리스도인들을 왕의 권위를 가진 사람이라고 표현하고 있어요.

말씀을 보세요.

여러분은 하나님께서 선택하신 민족이며 왕의 제사장입니다. 또 거룩한 나라이며, 하나님께서 홀로 다스리는 나라의 백성입니다. 하나님께서는 그분의 행하신 놀라운 일들을 알게 하시려고, 여러분을 어두움 가운데서 불러내어, 그의 놀라운 빛 가운데로 인도하셨습니다.

베드로전서 2장 9절(쉬운 성경)

성경은 왕의 권위를 가진 리더에게 필요한 것은 "용기"라고 강조해요. 사람들은 눈에 보이는 것과 손에 잡히는 것에 익숙해져 있기 때문에 불투명한 상황 속에서는 두려움에 빠져서 앞으로 나가지 못해요. 이때, 여러분이 용기를 가지고 길을 만들어 가야 해요. 그 길은 통념과 편견이라는 담 안에 갇힌 사람들 사이에 마음과 생각을 연결하는 소통과 공감의 길이에요.

✶✶

골리앗 · 다윗 프로필

골리앗 프로필
출신지 : 블레셋 나라의 5대 도시 중 하나인 가드
키 : 2.9m
갑옷 무게 : 57Kg
하나님과 이스라엘을 모욕하고 일대일 싸움을 하기 위해 전장에 나와 있음.

다윗 프로필
출신지 : 이스라엘 나라의 유다 지역 작은 도시 베들레헴
외모 : 별로 뛰어나지 않음
나이 : 청년이 되기 전 아직 소년
하나님을 모욕한 골리앗을 하나님의 방법으로 응징하기 위해 전장으로 나섬.

블레셋과 이스라엘이 전쟁을 하기 위해 대치하고 있었어요. 블레셋의 한 장군이 나와서 "한 명만 나와서 나랑 붙자. 너희가 이기면 너희가 우리나라를 갖고 내가 이기면 우리가 너희 나라를 갖자."고 며칠을 소리쳤어요. 하지만 이스라엘 쪽에서는 아무런 대꾸도 못하고 있었어요. 블레셋 장군 골리앗의 모습에 기가 죽었기 때문이에요. 점차 이스라엘 군대는 겁에 질려 질식할 것만 같은 분위기에 빠져 들었어요. 패배의 그늘이 짙게 드리워졌고 숨쉬는 것조차 고통스러운 시간이 흐르고 있었어요.

바로 그때, 다윗이 아버지의 심부름을 하기 위해 전쟁터를 방문해요. 다윗은 하나님께서 선택하신 백성들이 겁에 질려 있는 모습을 보고 마음이 너무 아팠어요. 당황하고 분노했어요. "제가 나가서 싸우겠습니다." 어린 다윗을 말리던 사울 왕은 마침내 다윗을 전장에 내보내요. 그럴 수밖에 없는 처지였으니까요. 다윗은 용기 있게 나아갑니다. 그는 기도하는 마음으로 강가에 나아가 물맷돌을 고르지요. 그는 자신이 할 수 있는 방법으로 신중하게 골리앗과의 싸움을 준비해요.

드디어 다윗이 전쟁터에 나서요. 청소년에 불과한 다윗을 보고 가장 실망한 사람은 상대편 장수인 골리앗이었어요. "네가 나를 우습게 보는구나! 너 같은 어린 것이 나와 싸우겠다고 나오다니……. 너 오늘 내 손에 죽을 줄 알아라." 그 동안 하나님과 하나님의 백성을 욕하던 골리앗은 다윗을 보고 코웃음을 치다 못해 빈정 상하고 말았습니다. 한편 이스라엘 백성들도 다윗에게 큰 기대를 걸지 않았습니다. '어차피 패한 전쟁인데 저 꼬마 때문에 시간을 조금 벌게 됐군!'이라고 생각했을 것입니다. 어쩌면 블레셋 군대나 이스라엘 군대나 모두 세상의 통념과 편견에 사로잡혀 있었던 거지요.

하지만 다윗은 이런 상황 자체에 분노를 느낍니다. 그는 눈에 보이는 것을 넘어서 진리를 바라보고 있어요. 그의 이야기를 들어 보세요. "네가 감히 누구이기에 하나님과 하나님의 백성을 우습게 여기느냐? 너는 기껏해야 손에 들고 있는 무기를 믿고 떠들지만 나는 이 세상을 창조하시고 다스리시는 살아계신 하나님을 의지해서 너와 싸울 것이다. 각오 단단히 해라." 말을 마치는 순간 다윗은 골리앗에게 달려들어요.

다윗의 물맷돌 공격을 받은 골리앗은 그 자리에 쓰러져요. 기절 한 거예요. 다윗은 골리앗의 칼로 그의 목숨을 끊어요. 그 순간 하나님을 무시하고 승리의 확신에 차 있던 블레셋 군대는 정신없이 도망쳐요. 반면에 하나님을 잊고 두려움에 빠져 있던 이스라엘 군대는 들고 있던 각종 농기구를 들고 블레셋 군대를 전멸시켜요. 사회적 통념과 편견을 넘어 하나님의 뜻과 능력을 바라본 한 사람 때문에 어떤 일이 벌어지는 지 잘 살펴보세요.

여러분은 세상에서 다양한 골리앗을 만나고 있지요? 여러분을 위축시키는 세력을 만나게 되지요. 그 세력이란 눈에 보이는 상대이기도 하고 눈에 보이지 않는 흐름이기도 합니다. 그들은 공통적으로 하나님을 무시하고, 교회를 조롱하며, 그리스도인을 비난합니다.(물론 그리스도인은 자신의 잘못을 인정하고 개선하기 위해서 노력해야 합니다. 여기서 말하는 비난은 이유 없이 공격하는 것을 의미합니다.) 이런 세력 앞에서 여러분은 위축되고 두려움에 빠질 수 있습니다. 하나님의 사람을 위축시키고 두려움에 빠지게 만드는 어두운 세력의 배후에는 죄와 죽음의 권세가 도사리고 있습니다.

사탄은 다양하고 교활한 방법으로 하나님의 사람들을 죄책감에 빠뜨리고 있습니다. 여기에 걸려들면 마음의 힘을 잃게 되요. 생각의 날카로움도 무뎌지기 시작하죠. 누구나 이런 상황에 빠지게 마련이에요. 거기서 벗어나야 해요.

☆☆☆☆☆

공감하면 붕업
이 문장에 어느 정도 공감이 되나요? 위 빈 칸에 자신의 생각을 댓글로 달고 그 옆에 별점도 줘 보세요.

사랑하는 여러분! 여러분은 하나님의 사람이에요. 하나님의 사람은 하나님을 신뢰합니다. 하나님의 뜻을 생각합니다. 하나님의 도우심에 의지합니다. 어두움의 그림자를 넘어섭니다. 절대 권위자인 하나님의 능력 안에서 어두운 세력에 대항할 수 있습니다. 뿐만 아니라 세상 사람들을 편견과 통념의 틀에서 벗어날 수 있도록 도와줄 수 있습니다. 하나님께서는 여러분을 자유롭게 하세요. 그리고 여러분을 통해서 담 안에 갇힌 사람을 자유롭게 하세요.

사람들이 그리스도인을 비난해요. 사랑을 말하면서 자기들끼리 싸운다고 손가락질해요. 기독교의 대사회적인 분위기가 좋지 않아요. 한 통계에 의하면 교회에 출석하는 우리나라 청소년들의 비율이 3-4퍼센트에 불과하다고 해요. 앞으로 교회의 영향력이 점차 줄어들 가능성이 커요. 사람들은 더욱 자기만의 어두운 세계에 갇혀서 살게 될 거예요. 여러분이 소통과 공감의 통로가 되어야만 해요. 어떻게 해야 할까요?

본론

욥바라는 지방의 해안가에 가죽제품을 만드는 시몬의 집에 베드로가 머물고 있었어요. 그때 가이사랴에 주둔한 이탈리아 부대의 백부장인 고넬료가 사람들을 보내서 베드로에게 부탁했어요. "저희 집에 오셔서 하나님의 말씀을 전해 주십시오."

베드로는 두 가지 이유로 그 청을 거절하고 싶었어요.

첫째, 고넬료는 예수님을 십자가에 못 박아 죽인 로마 병정의 대장이었기 때문이에요. 베드로는 그를 용서하기 어려웠을 거예요. 그리고 두렵기도 했겠죠. 자신도 예수님과 같은 형벌을 당할 수 있으니까요.

둘째, 고넬료가 이방인이었기 때문이에요. 베드로가 예수님의 제자였지만 유대교 전통에서 자랐기 때문에 여전히 이방인과 먹고 대화하는 것이 몹시 부자연스러웠어요. 순결한 삶을 위해서 이방인들을 가까이 해서는 안 된다고 확신하고 있었던 거지요. 그런데 어떻게 베드로는 진리를 선포하고, 사람들이 자유롭게 살도록 도와주는 삶을 살게 되었을까요?

첫째, 절대 권위자이신 하나님의 말씀에 순종하세요

고넬료가 보낸 사람들이 도착하기 직전에, 베드로는 점심시간에 옥상에서 기도하는 중에 환상을 봅니다. 하늘로부터 보자기가 내려오는데, 그 안에 유대인들이 먹지 않는 부정한 동물들이 가득하게 들어 있었어요. 그리고 하나님의 음성이 들렸어요. "베드로야 잡아먹어라." 베드로가 거부하죠. "하나님

저는 부정한 음식을 결코 먹을 수 없습니다." 그러자 하나님께서 말씀하십니다. "내가 깨끗하게 한 것을 네가 더럽다고 하지 말라." 이런 일이 세 번 있은 후에 베드로가 깨어났어요.

베드로는 이 환상을 곰곰이 생각해요. 하나님의 뜻을 묵상해요. 그리고 자신에게 있는 사회적인 통념과 편견을 내려놓습니다. 그래서 하나님께서 이방인에게도 가서 복음을 전하라는 뜻으로 이해해요. 그들을 집 안으로 들이지요. 말씀을 보세요.

베드로가 불러 들여 유숙하게 하니라. 사도행전 10장 23절

> **팝업 성경**
>
> 베드로는 그들을 맞아 들여 그 날 밤을 거기에서 묵게 했다. _공동번역
>
> So Peter invited them in and entertained them as guests. _NET

유대인과 이방인이 잘못된 전통의 담을 허물고 한 집에서 자고 먹는 역사적인 사건이 벌어진 거예요. 그 이튿날 베드로는 고넬료의 집으로 가서 복음을 전하고 세례를 베풀었어요. 전통과 통념의 틀과 두려움에 빠져서 다음 단계로 나아갈 수 없었던 베드로를 하나님께서 자유롭게 하셨어요. 그로 말미암아 베드로는 이방인들을 향하신 하나님의 사랑이 흘러가는 통로의 역할을 감당할 수 있었어요.

90 : 자유

둘째, 하나님께서 세우신 가까운 권위자에게 순복하세요

진정한 자유는 "하나님께서 세우신 권위자의 뜻에 순복하므로 확장되는 선택권을 통해서 흘러가는 영향력"과 연결되어 있어요. 즉 하나님께서 세우신 권위자이신 부모님, 선생님, 그리고 목회자의 말씀에 순복하므로 자유를 누리게 된다는 거예요. 여러분이 권위자의 뜻에 순복하면 여러분과 권위자 사이에 신뢰감이 형성 되요. 권위자들이 여러분을 보면서 이렇게 생각하기 시작하는 거예요. '저 아이 참 믿음직스럽군!' 신뢰감은 친밀감을 형성하는 기초가 되요. 관계가 부드러워지면 권위자는 여러분에게 자율권을 조금씩 보장하기 시작해요. "아! 그거 네가 알아서 해 봐."라고 말씀하는 거예요. 여러분이 그렇게 보장된 자유를 통해서 좋은 일을 도모하면, 여러분에 대한 권위자의 신뢰는 더욱 두터워지죠. 그러면 여러분에게 주어지는 자율권은 조금 더 확장되는 거예요.

셋째, 하나님께서 세우신 사회적 권위자에게 순복하세요

이 사회 구석구석에 하나님께서 세우신 권위자들이 있어요.

운동장에는 경비 아저씨, 주차장에는 주차관리인, 음식점에는 주문 받는 아가씨, 백화점에는 안내원, 버스는 운전사 아저씨가 그 영역에서 권위자예요. 그 영역에 들어가면 그분들의 이야기에 순종하는 것이 좋아요. 경비 아저씨가 "나가세요."하면 축구하다가도 공들고 나오면 되요. 주차관리인이 "이 쪽에 주차하세요."하면 그 쪽에 주차하면 되요. 아가씨가 "물은 셀프에요."하면 물을 떠다 먹으면 되요. 그게 편하고 자유로운 거예요.

"왜 내 맘대로 하면 안 되냐고~" 해 봐야 서로 짜증만 나지요. 전혀 자유를 누릴 수 없어요.

결론

하나님께서는 우리에게 권위를 주셨어요. 우리는 그 권위를 가지로 사람들을 자유롭게 하는 일에 쓰임 받게 될 거에요. 권위를 잘 사용하려면 절대 권위자이신 하나님께 순복하는 법을 배워야 해요.

하나님께서는 권위에 순복하는 법을 가르치시기 위해서 여러분에게 부모님, 선생님, 그리고 목회자들을 보내주셨어요. 먼저 그분들의 뜻에 순복하는 법을 배우시기 바랍니다. 아울러 이 사회에 각종 영역에 세워진 권위자의 안내에 순복하는 연습을 하세요. 그렇게 여러분은 권위에 순복하는 법과 권위를 사용하는 법을 배우는 겁니다.

생각해볼 질문들
● 권위 1 (행 10:9~23) ●

■ 성경질문

1. 베드로가 기도하려고 지붕에 올라갔을 때 어떤 환상을 보았나요?(10~12절), 또한 어떤 음성이 들렸나요?(13절)

2. 베드로는 뭐라고 대답했나요?(14절)

3. 베드로의 대답에 대해 하나님께서 뭐라고 말씀하셨나요?(15절)

4. 베드로가 환상의 의미를 생각할 때에 누가 찾아왔나요?(22절) 성령께서는 베드로에게 뭐라고 말씀하셨나요?(19~20절)

5. 평소에 더럽다고 가까이 하지 않던 이방인들을 베드로는 어떻게 대접했나요?(23절)

■ 워크샵

1. 사회적인 통념과 편견 때문에 포기하고 주저 앉아본 경험이 있나요?, 어떤 경험이었나요?

2. 주변에 자유를 잃어버리고 소통하지 못한채 담 안에 갇혀 사는 사람이 있나요?, 있다면 누구인가요? 지금 그 사람에게는 어떤 도움이 필요한가요?

3. 절대 권위자인 하나님의 능력 안에서 편견과 통념의 담을 넘어 세상을 소통케 하는 삶을 살려면 어떻게 해야 할까요?

● 세상을 자유롭게 하는 능력의 시작, 하나님이 세우신 권위를 인정하는 삶! (실천해보세요)

1. 하나님께서 세우신 가까운 권위자(부모님, 선생님, 목회자)에게 순복하기

권위자	순복한 내용	관계 안에 일어난 변화

2. 하나님께서 세우신 사회적 권위자에게 순복하기

권위자	순복한 내용	관계 안에 일어난 변화

＊하나님께서는 우리에게 권위를 주셨어요. 우리가 그 권위를 잘 사용하기 위해서는 하나님께 순복해야 하는 데, 이것은 먼저 하나님께서 세우신 가까운 권위자와 사회적 권위자에게 순복하는 연습을 통해 배워가게 되요.

우리는 하나님께서 세우신 권위자에게 순복함으로 자유를 누릴 수 있어요. 우리가 그분들에게 순복할 때 우리의 선택권이 확장되고 이를 통해 선한 영향력을 흘러 보내며 세상 사람들을 자유케 하는 삶을 살게 되요.

읽을거리

● 권위1 ●

아래 글은 C.S. 루이스의 가상의 소설로서, 고참 악마 스크루테이프가 신참 악마 웜우드에게 인간을 유혹하는 방법을 설명하는 편지의 내용입니다. 악마가 쓰고 있는 글이라는 점을 기억하고, 용어에 유념하세요. (원수 = 하나님, 저 아래 계신 우리 아버지 = 사탄, 환자 = 악마의 유혹의 대상인 인간)

우리한테 인간이란 기본적으로 식량에 해당한다. 인간의 의지를 흡수해서 우리 자아의 영역을 확장하는 게 목적이니까. 그러나 원수가 인간에게 요구하는 순종은 이와 전혀 다르지. 원수가 인간을 사랑한다느니 원수를 섬기는 게 외려 완벽한 자유라느니 하는 말들이 단순한 선전문구가 아니라(우리야 그렇게 믿고 싶은 마음이 굴뚝 같다만) 소름끼치는 진실이라는 점은 우리도 직시해야 한다.

원수는 자신을 작게 복제해 놓은 이 혐오스러운 인간들-원수에게 흡수당해서가 아니라 자신의 의지로 자유롭게 원수의 뜻에 따른 결과, 규모는 작지만 어쨌든 원수의 삶을 닮게 된 것들-로 우주를 우글우글 채울 생각을 정말로 하고 있다구. 우리가 원하는 건 키워서 잡아먹을 가축이지만, 그 작자가 원하는 건 처음엔 종으로 불렀다가 결국 아들로 삼는 것이다. 우리는 빨아들이고 싶어하지만 그는 내뿜고 싶어하지. 우리는 비어 있어 채워져야 하지만 그는 충만해서 넘쳐 흐른다. 우리의 전쟁 목적은 저 아래 계신 우리 아버지께서 다른 존재들을 모조리 삼켜 버리는 세상이지만, 원수가 바라는 건 원수 자신과 결합했으면서도 여전히 구별되는 존재들로 가득 찬 세상이야.

(중략)

우리는 환자들을 밥상에 오를 식사거리로 생각하는 판이니 끊임없는 유혹을 통해 질질 끌고와도 무방할 뿐 아니라, 그들의 의지를 방해하면 할수록 좋다. 하지만 원수로서는 우리가 인간을 악으로 유혹하듯이 미덕으로 '유혹'할 수는 없는 일이지. 제 바람대로 인간 스스로 걷도록 가르치려면 붙잡고 있던 손을 놓아야지 별 수 있겠느냐. 그러다가 넘어져도 계속 걷겠다는 의지만 보이면 그 작자는 좋아라 한다구.

그러니 웜우드, 속지 말거라. 인간이 원수의 뜻을 따르고 싶은 갈망을 잃었더라도 그렇게 하겠다는 의도를 여전히 가지고 있다면, 세상을 아무리 둘러보아도 원수의 흔적조차 찾을 수 없는 것 같고 왜 그가 자기를 버렸는지 계속 의문이 생기는데도 여전히 순종한다면, 그 때보다 더 우리의 대의가 위협받을 때는 없다.

C. S. 루이스, 『스크루테이프의 편지』에서 발췌.

chapter 5

권위 2

소통하는 능력

소통 돕기: 자유는 소통과 공감의 도구가 되는 것

15 내가 말을 시작할 때에 성령이 그들에게 임하시기를 처음 우리에게 하신 것과 같이 하는지라

16 내가 주의 말씀에 요한은 물로 세례를 베풀었으나 너희는 성령으로 세례를 받으리라 하신 것이 생각났노라

17 그런즉 하나님이 우리가 주 예수 그리스도를 믿을 때에 주신 것과 같은 선물을 그들에게도 주셨으니 내가 누구이기에 하나님을 능히 막겠느냐 하더라

18 그들이 이 말을 듣고 잠잠하여 하나님께 영광을 돌려 이르되 그러면 하나님께서 이방인에게도 생명 얻는 회개를 주셨도다 하니라

19 그 때에 스데반의 일로 일어난 환난으로 말미암아 흩어진 자들이 베니게와 구브로와 안디옥까지 이르러 유대인에게만 말씀을 전하는데

20 그 중에 구브로와 구레네 몇 사람이 안디옥에 이르러 헬라인에게도 말하여 주 예수를 전파하니

21 주의 손이 그들과 함께 하시매 수많은 사람들이 믿고 주께 돌아오더라

22 예루살렘 교회가 이 사람들의 소문을 듣고 바나바를 안디옥까지 보내니

23 그가 이르러 하나님의 은혜를 보고 기뻐하여 모든 사람에게 굳건한 마음으로 주와 함께 머물러 있으라 권하니

24 바나바는 착한 사람이요 성령과 믿음이 충만한 사람이라 이에 큰 무리가 주께 더하여지더라

사도행전 11장 15~24절

서론

 2007년 뉴욕 타임즈NYT는 새로운 시대를 열어가는 리더의 유형을 시대별로 다음과 같이 소개해요. 1990년대는 사업적 안목과 강력한 추진력을 갖춘 리더예요. 2000년대 초반에는 복잡한 문제를 해결하고 구조조정에 능숙한 리더예요. 최근에는 재즈 밴드처럼 부드럽고 자율적으로 기능하는 팀을 구축하는 리더예요. 즉 상상력과 소통의 능력을 갖춘 리더입니다.

※ ※

 『세계는 평평하다』의 저자 토머스 L. 프리드먼Thomas L. Friedman은 "11.9 & 9.11" 사건을 통해 창조적 상상력과 소통의 능력을 겸비한 사람들이 새 시대를 열어가야 한다고 주장해요. 즉 1989년 11월 9일 베를린 장벽이 무너지면서 창조적인 상상력을 가진 사람들의 열정과 헌신으로 세계가 소통하게 되었다는 거예요. 그런데 2001년 9월 11일 뉴욕 세계무역센터가 테러리스트들에 의해서 무너져 내리면서 파괴적 상상력을 가진 사람들에 의해 여전히 세상에는 보이지 않는 장벽이 높다는 사실이 밝혀졌다는 거예요. 새로운 시대를 열어갈 사람은 파괴자를 파괴하는 창조자일까요? 아니면 창조자와 파괴자의 소통을 추구하는 소통자일까요?

사람들은 종종 이렇게 말합니다. "현대 사회는 급속하게 변하는데, 교회는 고대 종교적 관점에서 아이들을 수동적이고 폐쇄적으로 만들고 있다." 이것은 오해입니다. 사실 기독교는 역사의 주인이신 하나님의 계획에 따라 새로운 시대를 가장 앞서서 열어가는 공동체에요. 우리가 믿는 예수님에 대해서 설명하는 성경 말씀을 보십시오.

> 하지만 하나님을 알지 못하고 살았던 여러분이 이제는 예수 그리스도 안에서 그리스도의 보혈로 인해 하나님과 가까워질 수 있게 되었습니다. 그리스도를 통해 평안을 누리고, 유대인과 이방인이 그리스도 안에서 하나가 되었습니다. 이전에는 마치 둘 사이에 벽이 가로놓여 있는 것 같았으나, 예수 그리스도는 자신의 몸을 내어 주심으로써 그 미움의 벽을 허물어뜨리셨습니다. 에베소서 2장13, 14절(쉬운 성경)

예수님께서는 사랑과 공의로 다스리시는 하나님 나라를 상상하셨어요. 사람들의 죄와 허물을 대신 짊어지시고 십자가에 달려 죽으셨어요. 죄악과 어두움을 이용해서 사람들을 두려움에 몰아넣기 좋아하는 영적 악한 세력을 이기고 부활하셨어요.

죄를 지으면 내적인 위축감에 빠지는 것을 알면서도 죄의 유혹에 쓰러지기 쉬운 사람들, 나름대로 열심히 살았는데 나중에 아무것도 건진 것이 없는 꼴이 될 것 같아 절망하는 사람들, 그리고 날마다 죽을 것처럼 고통스러운 상황 속에서 버티고 있는 사람들이 자유롭게 살아갈 수 있는 길을 열어 주셨어요.

예수님은 창조적 상상력이 풍부하신 소통자이십니다. 교회는 이 소통자를 통해서 세워진 공동체에요. 또한 교회는 소통자를 키우는 공동체에요. 예수님께서는 승천하시기 전에 교회를 통해 세워질 소통자들에게 다음과 같은 유언을 남기셨어요.

> 오직 성령이 너희에게 임하시면 너희가 권능을 받고 예루살렘과 온 유대와 사마리아와 땅 끝까지 이르러 내 증인이 되리라 하시니라.
> 사도행전 1장 8절

예수님의 말씀에 의하면 하나님께서는 자유의 숨결이신 성령님을 통해서 영적인 자유를 경험하는 사람들, 즉 소통자들을 통해서 좋은 소식이 온 세상에 퍼져 나가기를 기대하신 거예요. 죄의 유혹, 무의미의 절망, 그리고 죽음의 두려움을 이기게 하시는 "부활하신 예수님"에 대한 소식이 예루살렘, 유대, 사마리아, 그리고 땅 끝까지 전파되는 계획을 갖고 계신 거예요.

※ ※

예루살렘, 유대, 사마리아, 그리고 땅 끝 사이에는 보이지 않는 장벽이 있어요. 장벽과 장벽 사이에는 각각 기득권을 소유한 사람들이 있어요. 초대교회 상황에서 각 영역별 기득권자들을 살펴보면 다음과 같아요. 종교 지도자, 유대인, 헬라파 유대인, 그리고 이방인들과 로마정부를 그 예로 들 수 있어요. 그리스도인들은 이들에게 복음을 전했어요. 복음은 예수님께서 보이지 않는 막힌 담을 모두 허물어뜨렸습니다. 그래서 모든 사람은 소통하고 공감하며 하나가 될 수 있다는 이야기를 기초로 하고 있어요.

이 이야기를 들은 사람들은 자신의 기득권을 내려놓는 것이 싫었어요. 그래서 기득권자들은 그리스도인들을 못살게 굴었죠. 그래서 복음이 장벽을 넘어 설 때마다 순교자들이 있어야 했지요. 바로 스데반, 야고보, 그리고 바울이 그들입니다.

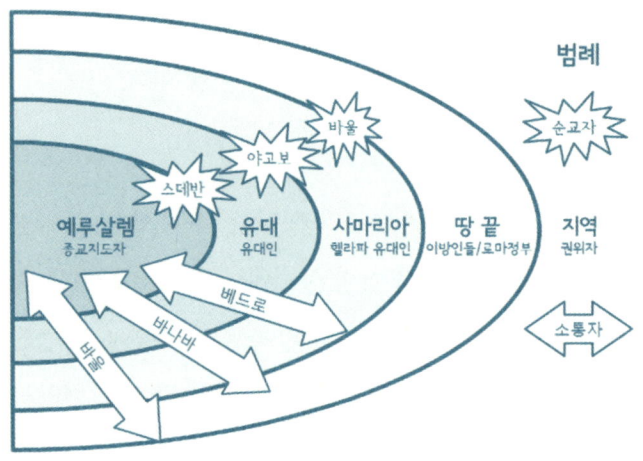

　순교자들에 의해서 장벽을 넘어서는 복음을 듣고 구원 받는 사람들이 늘어났어요. 하지만 사람들은 기본적으로 장벽 너머 사람들에게 배타적이에요. 저 너머 사람들의 변화를 믿을 수 없었고 받아들이지 않았어요. 이때 하나님께서는 소통자를 세우셔서 복음 안에서 서로 소통할 수 있도록 하시죠. 예루살렘, 유대, 그리고 사마리아 사람들의 소통자로 베드로를 세우세요. 유대와 가까운 이방인들의 소통자로 바나바를 세우세요. 그리고 유대인과 멀리 있는 이방인들의 소통자로 바울을 세우시죠. 이제 이 세상 끝에서 복음을 듣지 못하고 죄의 유혹, 무의미의 절망, 그리고 죽음의 두려움에 빠져 있는 사람들의 소통자로 누구를 세우실까요?

본론

저는 여러분이 하나님께서 통치하시는 새 시대에 소통자로 서기를 기도합니다. 성경을 보세요. 당시 예루살렘 교회 공동체는 하나님께서 유대인만 선택하셨다고 주장했어요. 그 유대인으로서 예수님을 믿어야 구원 받는다고 생각했어요. 그래서 스데반 집사님의 순교 사건 이후 지중해 연안으로 도피한 유대인들은 자신의 동족인 유대인들에게만 복음을 전했어요. 그런데 구브로와 구레네 지역에서 몇 사람이 개인적 친분이 있는 이방인에게 복음을 전한 거예요. 그러자 수많은 이방인들이 예수님을 믿었어요. 예루살렘 교회 교인들은 당황했어요. 있을 수 없는 일, 있어서도 안 되는 일이 벌어졌습니다.

여러분 주변에도 심하게 "노는 아이들(?)"이 있잖아요? 평소에 교회 다니는 아이들을 "찌질이(?)"라고 조롱하는 아이들. 아무리 좋게 봐도 어둠의 세력에 사로잡힌 아이들. 지역을 돌아다니면서 온갖 나쁜 짓을 하고 다니는 아이들. 그래서 어른들이 "저런 아이들하고는 절대로 놀지 말라!"고 하는 아이들이 있지요? 그런데 그 중에 여러분과 초등학교 동창인 아이가 있을 수 있잖아요. 절친한 사이는 아니어도 눈인사 정도는 하는 아이 중에서 그런 친구 있죠? 여러분이 그 아이에게 복음을 전했다고 합시다. "애! 우리 교회 편하고 좋은데 한 번 놀러 와라." 그냥 지나가는 말로 했는데, 그 친구가 정말 교회에 온 거예요. 한 번 와 봤더니 참 좋은 거예요. 그래서 자기 친구들을 한 두 명씩 데려오기 시작했어요. 어느 주일 주차장에 오토바이 수 십대가 서있어요. 그 동네 심하게 노는 아이들이 다 교회에 온 거예요. 어른들이 깜짝 놀라시겠죠. 그런데 이 아이들이 시간이 갈수록 신앙심이 점점 깊어지는 거예요. 성품과 태도가 변화되는 거예요. 놀라운 일이 벌어진 거죠.

하나님께서는 여러분을 소통자로 세우시길 원하세요. 하나님께서는 여러분이 담을 허물게 하실 거예요. 여러분을 통해서 담 안에 갇혀 있던 사람들이 서로 소통하고 공감하게 하실 거예요. 여러분이 성숙한 소통자로 성장하는 과정에서 여러분이 관심을 가지고 노력할 부분이 있어요.

첫째, 다양한 경험을 하세요

예루살렘 교회에서는 이 상황을 정확하게 파악하기 위해서 바나바를 안디옥에 보내요. 그곳에 도착한 바나바는 이방인도 하나님의 사랑을 받고 은혜가 넘치는 새로운 생활을 하는 것을 확인해요. 그래서 바나바는 그들에게 믿음 안에서 담대하고 행복하게 살라고 격려해요. 예루살렘 교회에는 하나님께서 우리를 사랑하시듯 이방인들도 동일하게 사랑하시고 은혜를 부어 주신 것이 확실하다고 보고하지요. 하나님께서 바나바를 유대인 중심의 예루살렘 교회와 이방인 중심의 안디옥 교회를 이어주는 소통자로 세우신 거예요.

✷✷

사랑하는 청소년 여러분, 하나님께서 여러분을 새 시대의 소통자로 부르세요. 친구들의 마음과 생각을 이어주는 사람, 학생과 선생님의 마음과 생각을 이어주는 사람, 가족과 친척의 소통자, 교회 안에서 소통자로 부르세요. 앞으로 일터에서 부서 간 소통자, 기업 간 소통자로 부르실 거예요. 그리고 나라들 간의 협력을 이끌어 내는 소통자로 세우실 거예요. 아울러 땅 끝에서 소외되고 있는 고아, 과부, 그리고 교육 받지 못하고 인권을 빼앗기고 노동력을 착취당하는 사람들의 소통자로 세우실 거예요. 실제로 정확한 정보에 의하면 동유럽 평화에 결정적인 기여를 한 것도 교회이며, 미국과 구소련의 이데

올로기적 갈등을 해소하는 데 기여한 사람들도 신앙이 깊은 정치인들이었어요.

하나님께서 여러분을 좋은 소통자로 세우세요. 여러분! 많은 지역을 여행하세요. 국내에 가볼 곳이 많아요. 대중교통을 이용하세요. 자전거를 이용하세요. 도보로도 좋아요. 마음껏 다녀보세요. 기회가 되는대로 세상을 여행하세요. 봉사활동, 선교활동, 도심여행, 유적지여행, 오지여행 등 세계 곳곳을 살펴보세요. 많은 사람을 만나보세요. 지역마다 역사적, 문화적, 정치적, 경제적으로 다른 배경에서 성장한 사람들을 만나보세요. 많은 영역을 경험하세요. 여러분이 관심을 갖고 있는 분야에 종사하는 성숙한 어른들을 찾아가세요. 그분들의 일터로 찾아가세요. 물론 먼저 약속을 해야겠죠. 찾아가서 보세요.

여러분이 관심 갖고 있는 분야에서 구체적으로 어떤 일이 이루어지고 있는지 살펴보세요. 좋은 책을 많이 읽으세요. 가능한 한 손에서 책을 놓지 마세요. 현대인은 누구나 핸드폰을 들고 다녀요. 그래서 책을 놓치고 말았어요. 책 속에 세상과 사람이 가득한데 사람들은 세상과 사람을 다 놓치고 만거죠.

> 문자왔숑!
> 문자왔숑!
>
> 내가 사랑하는 세상의 다른 많은 사람들과 기꺼이 만나줄 수 있겠니?? 놀라운 경험을 하게 될거야 ^^ 80bytes

둘째, 착한 사람이 되세요

본문 24절에 보면 바나바는 "착하고 성령과 믿음이 충만한 사람"이었어요. 예수님께서는 착한 사람은 "즉시 순종하는 사람"이라고 말씀하세요. 마태복음 25장에 보면 달란트 비유가 있어요. 한 주인이 외국에 가면서 세 명의 종을 불러서 각각 다섯, 둘, 그리고 한 달란트를 나눠줘요. 다섯 달란트와 두 달란트를 받은 사람은 "바로 가서 그것으로 장사"(마 25:16중) 해요. "이왕 줄 거 좀 더 주지 않느냐?", "왜 쟤는 다섯인데 나는 두 달란트냐?"라고 따지지 않아요. 주인의 뜻에 즉시 순종하지요. 주인이 돌아와서 종들에게 "착하고 충성된 종아"라고 칭찬해요.

성경은 여러분의 권위자, 즉 부모, 교사, 그리고 어른들에게 즉시 순종하라고 명령해요. 하나님께서 새 시대를 열어가는 소통자에게 요구하시는 가장 기본적인 소양은 순종이에요. 왜 그럴까요? 말씀을 보세요.

> 각 사람은 위에 있는 권세들에게 복종하라 권세는 하나님으로부터 나지 않음이 없나니 모든 권세는 다 하나님께서 정하신 바라 그러므로 권세

> 📖 **팝업 성경**
>
> 사람은 누구나 위에 있는 권세에 복종해야 합니다. 모든 권세는 하나님께로부터 온 것이며, 이미 있는 권세들도 하나님께서 세워주신 것입니다. 그러므로 권세를 거역하는 사람은 하나님의 명을 거역하는 것이요, 거역하는 사람은 심판을 받게 될 것입니다. _새번역
>
> Let every person be subject to the governing authorities; for there is no authority except from God, and those authorities that exist have been instituted by God. Therefore whoever resists authority resists what God has appointed, and those who resist will incur judgment. _NRSV

를 거스르는 자는 하나님의 명을 거스름이니 거스르는 자들은 심판을 자취하리라. 로마서 13장 1,2절

청소년들은 부모, 교사, 그리고 각 영역에서 권위를 부여 받은 분들에게 순종하므로 하나님의 권세에 순종하는 법을 배우는 거예요. 이 훈련을 통해서 청소년들은 하나님께서 당신의 계획에 따라 새 시대를 열어 가시며 소통자를 부르실 때, 응답하고 쓰임 받을 수 있게 되는 거예요.

셋째, 성령과 믿음이 충만한 사람이 되세요

어떤 친구는 자신이 "하나님의 뜻을 분명히 알기만 하면 당장 순종할 수 있다."라고 생각해요. "하나님께서 자신이 평생 종사할 직업을 알려주시기만 하면 최선을 다해서 열심히 공부할 수 있다."고 얘기해요. 그래서 수련회나 부흥회 집회에서 청소년들이 가장 많이 하는 기도 중 하나가 "하나님의 뜻을 알려 달라"는 것입니다. 저도 그렇게 생각했고요. 저도 그렇게

많이 기도했어요. 하나님의 뜻을 모르는 것보다 알게 되는 것이 훨씬 좋아요. 하지만 꼭 생각할 것이 있어요.

제 생각에는 "하나님의 뜻을 알기만 하면 최선을 다해 노력하여 성취할 수 있다."는 태도에는 큰 허점이 있어요. 왜냐하면 사람은 하나님의 뜻을 알아도 그것을 실천할 능력이 없기 때문이에요. 성경에 기록된 이야기를 침착하게 떠올려 보세요. 많은 신앙인들이 하나님의 뜻을 알면서도 실패했어요. 중요한 것은 하나님의 뜻을 알고 나서 그 뜻대로 살 수 있도록 성령님을 따라가는 거예요.

성령님은 하나님의 마음과 생각을 가장 잘 아시는 분이세요. 죽음과 죄의 세력을 결박하시고 부활하신 예수 그리스도의 영이세요. 성령님과 동행하는 사람은 하나님의 뜻대로 살아가는 길을 걸어갈 수 있어요. 성령 충만하다는 것은 하나님의 뜻을 정확히 알지 못할 때부터 "하나님께 순종"하려는 겸손한 자세를 배우려고 애쓰는 청소년의 삶에 열리는 자연스런 열매에요.

넷째, 권위자들은 도덕적인 권위를 세우는 데 최선을 다하세요

이 부분은 여러분의 권위자이신 부모님, 선생님, 그리고 목회자가 함께 읽으시면 좋겠습니다. 당시 바나바가 소통자로 설 수 있었던 배경에는 베드로가 있어요. 좋은 소통자를 위해서는 좋은 권위자가 필요하다는 겁니다. 초대교회 수장이었던 베드로가 이방인 백부장인 고넬료의 청을 받고 말씀을 전할 때, 성령님께서 임하시고 이방인들이 하나님의 사랑과 은혜를 풍성히 누리는 것을 경험하지요.

하나님께서는 먼저 부모님을 새 시대의 소통자로 부르시고, 그 부모님을 통해서 자녀들을 새 시대를 열어가는 소통자로 부르세요. 물론 부모님들께서 보이지 않는 장벽으로 둘러싸인 세상 속에서 하나님의 소통자로 서시는 것은 현실적으로 고통스럽고 매우 위험한 일이지요. 베드로도 비슷한 위험에 처하게 되지요.

베드로가 이방인과 교제를 나누었다는 소식이 예루살렘 교회에 전해지자 그리스도인들이 비난하기 시작해요. 3,000명, 5,000명씩 전도하며 권위를 인정받는 초대교회 수장으로 견디기 어려운 순간이에요. 이에 베드로는 잔뜩 화가 난 예루살렘 교회의 그리스도인들에게 자신이 경험한 상황을 자세히 설명해요. 11장 4절부터 15절까지가 그 내용이죠. 그리고 그 당시 자신의 마음과 생각을 나누지요. 16절을 보세요.

> 내가 주의 말씀에 요한은 물로 세례를 베풀었으나 너희는 성령으로 세례를 받으리라 하신 것이 생각났노라.

그리고 자신의 신념과 신앙을 단호하게 밝히죠.(17절)

> 그런즉 하나님이 우리가 주 예수 그리스도를 믿을 때에 주신 것과 같은 선물을 그들에게도 주셨으니 내가 누구이기에 하나님을 능히 막겠느냐 하더라.

앤디 스탠리Andy Stanley는 자신의 책인 『넥스트』에서 다음세대를 일으키는 리더에게 필요한 다섯 가지 덕목을 소개하고 있어요. 능력, 용기, 확신, 훈련, 그리고 인격이에요. 그 중에 가장 중요한 것은 인격이에요. 인격은 "올바른 기준을 선택하고 손해가 되더라고 그 길을 걸어가는 것"이에요. 살다보면 타협해야 하는 순간이 오는데, 그것을 거부하면 도덕적 권위가 생기죠. 도덕적 권위는 다음세대가 스스로 마음을 열고 영향력을 받아들이도록 하는 가장 강력한 도구예요. 부모님들께서 "내가 누구이기에 하나님을 능히 막겠느냐?"라고 고백하며 살아가실 때, 자녀들이 권위를 인정하고 순종하게 될 거예요.

권위자를 향한 편지:

결론

저는 여러분이 다양한 경험을 하며 많은 사람들과 소통하는 소통자로 성장하기를 바랍니다. 권위자의 말에 즉시 순종하는 착한 사람으로 성장하길 바랍니다. 그래서 하나님의 뜻에도 순종하려는 태도를 갖추어 가는 성령 충만한 사람으로 성장하기를 바랍니다. 여러분 곁에 하나님께 절대 순종하므로 도덕적 권위를 얻으시어 좋은 영향력을 흘려보내시는 부모님이 계시기를 바랍니다.

생각해볼 질문들
● 권위 2 (행 11:15~24) ●

■ 성경질문

1. 베드로는 유대인들이 경멸하는 이방인들에게 세례를 베푼 것은 누구의 뜻이었고, 누구의 선물이었다고 설명하나요?(15~17절)
2. 베드로의 이야기를 듣고 유대인들은 뭐라고 고백하나요?(18절)
3. 예루살렘 교회는 이방인들을 위한 소통자로 누구를 보내나요?(22절), 그는 가서 이방인들에게 어떤 권면을 하나요?(23절)
4. 바나바는 어떤 사람이었나요?(24절)
5. 바나바를 통해 어떤 놀라운 일들이 벌어졌나요?(24절)

■ 워크샵

1. 창조적 상상력이 풍부하신 소통자 예수님이 오셔서 소통케 하신 것이 무엇인지 생각해 보세요.
2. 예수님께서는 나와 이 땅의 교회가 어떤 역할을 감당하기를 원하시나요?, 우리를 통해 어떤 일들이 일어나기를 기대하시나요?
3. 성숙한 소통자로 성장하기 위해 내가 관심을 가지고 노력할 부분은 무엇일까요?

● 소통하는 능력, 좋은 소식을 온 세상에 전하는 삶! (실천해보세요)

1. 다양한 경험하기

- 독서, 여행, 봉사활동, 만남 등을 통해 다양한 경험을 쌓는 것은 성숙한 소통자가 되기 위한 좋은 준비 과정이에요. 내가 할 수 있는 다양한 경험을 계획해 보세요.

	내용	언제	어떻게	실천(o,×)
독서				
만남				
봉사활동				
여행				
그 외				

2. 성령과 믿음이 충만한 사람 되기

- 성령 충만하다는 것은 "하나님께 순종"하려는 겸손한 자세를 배우려고 애쓰는 삶에 열리는 자연스런 열매에요. 좋은 소통자가 되기 위해 권위에 순복하는 사람이 될 수 있도록 매일 겸손하게 하나님께 기도하는 시간을 가지세요.

＊하나님은 우리를 좋은 소통자로 세우시길 원하세요. 우리를 통해 담이 허물어지고 담 안에 갇혀 있던 사람들이 서로 소통하고 공감하는 삶을 살도록 돕게 하실 거예요. 자유의 숨결이신 성령님을 통해 우리 안에 소통하는 능력이 길러질 때 우리를 통해 자유의 소식, 좋은 소식이 온 세상에 퍼져 나가게 될 거에요.

읽을거리

●권위2●

우리는 멸망해 가는 세계에서 구원받은 사람이 아니라, 이 세계가 구원받는다는 것을 확실히 아는 사람이다.

리처드 니버, 『책임 있는 자아』에서 발췌.

chapter 6

권위 3

권위자와 갈등 해소 방법
갈등 조정: 자유는 권위자와의 갈등을 조정하는 것

1 어떤 사람들이 유대로부터 내려와서 형제들을 가르치되 너희가 모세의 법대로 할례를 받지 아니하면 능히 구원을 받지 못하리라 하니

2 바울 및 바나바와 그들 사이에 적지 아니한 다툼과 변론이 일어난지라 형제들이 이 문제에 대하여 바울과 바나바와 및 그 중의 몇 사람을 예루살렘에 있는 사도와 장로들에게 보내기로 작정하니라

3 그들이 교회의 전송을 받고 베니게와 사마리아로 다니며 이방인들이 주께 돌아온 일을 말하여 형제들을 다 크게 기쁘게 하더라

4 예루살렘에 이르러 교회와 사도와 장로들에게 영접을 받고 하나님이 자기들과 함께 계셔 행하신 모든 일을 말하매

5 바리새파 중에 어떤 믿는 사람들이 일어나 말하되 이방인에게 할례를 행하고 모세의 율법을 지키라 명하는 것이 마땅하다 하니라

6 사도와 장로들이 이 일을 의논하러 모여

7 많은 변론이 있은 후에 베드로가 일어나 말하되 형제들아 너희도 알거니와 하나님이 이방인들로 내 입에서 복음의 말씀을 들어 믿게 하시려고 오래 전부터 너희 가운데서 나를 택하시고

8 또 마음을 아시는 하나님이 우리에게와 같이 그들에게도 성령을 주어 증언하시고

9 믿음으로 그들의 마음을 깨끗이 하사 그들이나 우리나 차별하지 아니하셨느니라

10 그런데 지금 너희가 어찌하여 하나님을 시험하여 우리 조상과 우리도 능히 메지 못하던 멍에를 제자들의 목에 두려느냐

11 그러나 우리는 그들이 우리와 동일하게 주 예수의 은혜로 구원 받는 줄을 믿노라 하니라

12 온 무리가 가만히 있어 바나바와 바울이 하나님께서 자기들로 말미암아 이방인 중에서 행하신 표적과 기사에 관하여 말하는 것을 듣더니

13 말을 마치매 야고보가 대답하여 이르되 형제들아 내 말을 들으라

chapter 6

권위 3

14 하나님이 처음으로 이방인 중에서 자기 이름을 위할 백성을 취하시려고 그들을 돌보신 것을 시므온이 말하였으니

15 선지자들의 말씀이 이와 일치하도다 기록된 바

16 이 후에 내가 돌아와서 다윗의 무너진 장막을 다시 지으며 또 그 허물어진 것을 다시 지어 일으키리니

17 이는 그 남은 사람들과 내 이름으로 일컬음을 받는 모든 이방인들로 주를 찾게 하려 함이라 하셨으니

18 즉 예로부터 이것을 알게 하시는 주의 말씀이라 함과 같으니라

19 그러므로 내 의견에는 이방인 중에서 하나님께로 돌아오는 자들을 괴롭게 하지 말고

20 다만 우상의 더러운 것과 음행과 목매어 죽인 것과 피를 멀리하라고 편지하는 것이 옳으니

21 이는 예로부터 각 성에서 모세를 전하는 자가 있어 안식일마다 회당에서 그 글을 읽음이라 하더라

사도행전 15장 1~21절

서론

　전라남도 땅 끝 마을에 가면 용전 분교가 있어요. 2003년 말 이 학교는 폐교 위기를 겪게 되요. 전교생이 5명이고 교사는 단 한 분이기 때문이죠. 바로 그때에 2004년 김재남 선생님이 자원하여 이 분교에 부임하세요. 그 후로 놀라운 일이 벌어지죠. 선생님은 학생들을 챙기기 시작해요. 엄마 없이 왕따를 당하는 4학년 여자아이를 매일 씻기고 먹여요. 그리고 아이들에게 공표해요. "얘는 내 딸이니께 다시는 괴롭히지 말거라 잉." 아이들에게 다짐을 받아요. 미술이 소질 있는 아이를 데리고 산에 올라 수채화를 그려요.

　아이들이 선생님을 "학교엄마"라고 부르기 시작해요. 학. 교. 엄. 마. 아이들에게 엄마가 생긴 거예요. 2005년에는 13명의 신입생이 들어와요. 읍내 학교로 입학하던 아이들이 용전 분교로 오기 시작해요. 나중에는 30킬로미터 떨어진 읍내에서 용전 분교로 전학 오기 시작해요. 이제 아이들은 하루하루 행복하게 배우고 익히며 자신의 아름다운 미래를 꿈꾸고 설계할 수 있게 되었어요. 지금은 선생님 일곱 분과 학생 60명이 자유롭게 미래를 열어가고 있어요.

모든 권위자들은 여러분이 미래를 열어 가도록 돕는 사람들이에요. 한계에 갇혀서 주저앉을 수밖에 없는 여러분이 자유롭게 날아올라 미래를 열어 갈 수 있도록 돕는 분들이에요. 하나님께서 여러분을 위해서 권위자를 세우셨어요. 구체적으로 말씀드리면 부모님, 선생님, 전도사님, 목사님, 그리고 좋은 멘토들을 하나님께서 여러분에게 보내주신 거예요.

> 「아버지의 위대한 유산」 중
> 1. 웃고 즐기렴. 삶은 축제란다
> 2. 사랑하렴. 먼저 안아주면 된단다
> 3. 배우렴. 새로운 세상이 열린단다
> 4. 살펴보렴. 꿈을 따라갈 수 있단다
> 5. 괜찮다. 나를 넘어서렴

게리 스탠리 Gally Stanley는 『아버지의 위대한 유산』이란 책에서 돌아가신 아버지께서 생활 속에서 보여주신 교훈 다섯 가지를 다음과 같이 소개해요. 첫째, "웃고 즐기렴. 삶은 축제란다." 둘째, "사랑하렴. 먼저 안아주면 된단다." 셋째, "배우렴. 새로운 세상이 열린단다." 넷째, "살펴보렴. 꿈을 따라갈 수 있단다." 다섯째, "괜찮다. 나를 넘어서렴."

나를 넘어서렴. 스탠리는 가만히 과거를 돌아보면 아버지도 실수를 많이 하셨다고 말해요. 하지만 아버지께서 자신에게 진정으로 원하셨던 것에 대해서 분명히 알 수 있다고 말해요. 그것은 "자녀들이 무조건 아버지를 존경하는 것이 아니다. 자녀들이 아버지를 넘어 더욱 위대한 인간으로 성장하는 것"이었다고 고백해요. 이 세상의 모든 권위자는 여러분이 아름답게 성장하면서 자유롭게 미래를 열어 갈 수 있도록 돕기를 원하세요.

본론

오늘 본문에 보면 안디옥 교회가 자유롭게 미래를 열어갈 수 있도록 예루살렘 교회가 돕는 장면이 기록되어 있어요. 예루살렘 교회는 초기 기독교 공동체의 권위자 격인 신자 중심의 교회이고 안디옥 교회는 막 탄생한 이방인 중심의 교회입니다. 여러분들은 예루살렘 교회 공동체의 주된 구성원인 유대인은 여러분의 권위자로 생각하세요. 안디옥 교회 공동체의 주된 구성원인 이방인은 여러분 자신으로 생각하세요. 그렇게 생각하시고 말씀을 들으시면 이해하기가 조금 더 쉬워요. 자! 다시 정리합시다.

유대인
=
예루살렘 교회
=
권위자

이방인
=
안디옥 교회
=
청소년

이제 본문의 배경을 자세히 살펴보죠. 안디옥 교회의 교인들은 헬라 문화권을 중심으로 성장했던 사람들이에요. 철학과 신화로 형성된 문화에 익숙한 사람들이죠. 이들이 예수님을 영접하고 하나님의 자녀가 된 거예요. 이방인의 영적인 소속이 변화된 거예요. 사탄의 자녀에서 하나님의 자녀로 변화된 거예요. 영적인 DNA가 사망의 DNA에서 영생의 DNA로 바뀐 거예요. 놀라운 변화죠. 우주적인 변화에요.

✳ ✳

하지만 예루살렘 교회의 교인들은 안디옥 교회 교인들이 마음에 들지 않았어요. 예루살렘 교인들은 유대계 그리스도인들이에요. 유대교인들 중에서 예수 그리스도를 영접하고 하나님의 자녀가 된 사람들이죠. 유대문화권에 익숙해져 있는 사람들이에요. 어릴 때부터 율법을 읽고 암송하고 실천하는 것이 자연스러운 사람들이에요. 어떤 사람은 "이방인이 구원 받으려면 유대인처럼 몸에 칼을 대어 표시를 하는 할례를 받고 수많은 율법을 모두 지켜야만 한다."라고 강조 했어요.

그러자 안디옥 교회 교인들 중에는 "내가 예수님 영접하고 하나님의 자녀가 된 건데 왜 유대인들 흉내를 내야만 하는데……"라고 반발하는 사람들도 많았죠. 이런 상황 속에서 초기 기독 공동체의 권위자격인 예루살렘 교회는 정확한 지침을 정하지 못하면서 초기 기독 공동체 전체가 이 문제로 큰 혼란을 겪고 있었어요.

이때, 예루살렘 교회는 중대한 결정을 내리지요. 그것은 "하나님의 자녀가 되려면 예수님을 영접하는 믿음만 있으면 된다."에요. 놀랍죠! 믿음이 깊어지면 율법이 요구하는 하나님의 자녀로서의 모습은 자연스럽게 갖추어져 간다는 거예요. 그 율법이 구원 받는 데 필수 조건이 되지 않는다는 거죠. 예루살렘 교회는 안디옥 교회를 비롯해서 이제 막 기독교인이 된 이방인들에게 영적인 생활에 자유를 허락하게 되었어요.

그럼에도 불구하고 몇 가지 꼭 지켜야 할 단서를 제시했어요. 그것은 이방인들이 타락한 세상과 가깝게 지내면서 신앙을 버릴 수 있는 위험을 막기 위해서였죠. 자유를 누리기 위해서 최소한 지켜야 할 기준이 있다는 거예요. 우상숭배에 바친 제물과 피, 그리고 목 졸라 죽인 짐승의 고기를 먹지 말고, 음란한 행동을 하지 말라는 거예요.

하늘을 자유롭게 나는 연이 한 가닥 줄에 매인 것처럼, 커다란 배가 한 줄 닻에 의지해 정박해 있는 것처럼 권위자들은 여러분들이 자유롭게 하나님께서 예비하신 미래를 열어 갈 수 있도록 단순한 진리에 입각한 질서를 잡아야할 책임이 있어요. 하지만 예루살렘 교회가 성장하는 초기 기독교 공동체에 대해서 어떤 지침을 내려야 하는지 정확하게 알지 못했어요. 살면서 고민하고 기도하며 배워갔었던 거예요.

※ ※

여러분의 권위자인 부모님, 선생님, 그리고 목회자들도 마찬가지에요. 자녀를 처음 키우면서, 독특하고 고유한 학생으로 맞이하면서 서툴게 배우는 거예요. 그러다 보니 권위자와 여러분 사이에는 갈등이 있을 수밖에 없지요. 사실 갈등이 있다는 것은 자연스러운 거예요. 여러분이 자유롭게 날고 싶어서 꿈틀거린다는 의미에요. 권위자들이 여러분을 자유롭게 날도록 돕는 일을 포기하지 않고 계시다는 의미에요.

하나님께서 세우신 권위자와 여러분 사이에서 발생하는 자연스런 갈등을 어떻게 풀어가는 것이 좋을까요. 오늘 성경 말씀을 기준으로 몇 가지 방법을 생각해 보도록 하죠. 여러분이 진정한 자유를 누리며 아름답게 성장하는 데 구체적으로 도움이 되었으면 좋겠어요.

첫째, 하나님께서 세우신 권위자들의 권위를 인정하세요

안디옥 교회에 방문한 유대계 신자가 "이방인들도 유대인처럼 할례 받고 율법을 준수하라."는 말을 해요. 이 이야기는 어떻게 들으면 "당신들의 신앙생활은 완전히 기초부터 잘못된 것입니다. 당신들이 진정으로 구원 받고 성장하려면 제가 제시하는 것을 모두 받아들여야 합니다. 그렇지 않으면 당신들은 구원과 성장을 기대할 수 없습니다."라고 들리죠. 이를 들은 안디옥 교회 공동체의 구성원은 너무 화가 난 나머지 격렬하게 논쟁을 벌여요.

권위자들이 개인적인 경험에 의해 형성된 관점에 따라서 여러분이 이해하기 어려운 요청을 하실 때가 있어요. 여러분 입장에서는 나름대로 열심히 했는데 어른들이 여러분의 모든 것을 무시하는 것처럼 말씀하시면 화가 나죠. 저는 여러분이 화를 낼 수도 있다고 봐요. 아니 그것이 자연스러운거죠. 다시 말씀드리지만 화가 나는 것은 잘못이 아니에요. 권위자에게 어떻게 반응하느냐가 중요해요.

화가 난다고 물건을 집어 던지거나, 손과 발을 사용한다거나, 권위자의 인격을 모독하는 말을 하는 것은 잘못이에요. 폭력은 잘못이에요. 권위자에게 휘두르는 폭력은 권위자의 마음 뿐만 아니라 여러분 자신에게도 치명적인 상처가 됩니다. 옳지 않아요. 만약에 그렇게 한 친구가 있다면 하나님께 잘못했다고 하세요. 그리고 권위자께도 정중히 잘못했다고 하세요. 그렇게 하는 것이 좋습니다. 그러면 과도한 긴장에서 벗어나 부드러운 관계를 다시 시작할 수 있어요.

바울과 바나바는 예루살렘 교회로 찾아갑니다. 왜요? 예루살렘 교회 공동체와 안디옥 교회 공동체의 갈등을 풀 수 있는 열쇠가 예루살렘 교회에 있다는 사실을 인정하는 거예요. 두 공동체의 의견이 다르기 때문에 발생한 갈등이지만 최종 결정권은 예루살렘 교회에 있다는 것을 인정하는 거예요. 바울과 바나바는 끝까지 자신의 생각과 마음을 설명하겠지만 예루살렘 교회가 다른 결정을 한다고 해도 순종하게 될 거예요. 왜냐하면 모든 것을 합력하여 선을 이루시는 하나님께서 그 결과를 책임지실 것을 신뢰하기 때문이지요.

레리 버켓Ray Bucket은 자신이 설립하고 25년 동안 운영해온 단체인 "기독교 재정 개념"의 경영권을 "크라운 사역 재단"에 넘겨주고 물러났어요. 버켓은 합력하여 선을 이루시는 하나님을 신뢰한다면 자신의 주도권을 상대방에게 내 줄 수 있다고 해요.

여러분이 부모님께 이렇게 말한다고 생각해 보세요. "저는 부모님의 권위를 존중해요. 부모님의 결정을 따를 거예요. 그것이 하나님의 뜻이니까요. 단 저의 생각과 마음을 배려해 주세요. 저는 하나님께서 저에게 갖고 계신 계획에 따르고 싶어요. 제가 하나님의 뜻 안에서 가장 행복한 길을 걸어 갈 수 있도록 도와주세요." 이 이야기를 들으신 부모님은 무슨 생각을 하시게 될까요? 이제부터 어떤 일이 벌어질까요?

둘째, 권위자들이 기도와 말씀을 통해 하나님의 뜻을 알도록 기도하세요

예루살렘 교회가 올바른 결정을 하는데 베드로가 중요한 역할을 한 것을 기억하시죠? 베드로는 하나님이 보여 주신 환상을 통해 하나님의 뜻을 이해했어요. 베드로는 하나님의 자녀가 되기 위해서는 율법을 반드시 준수해야 한다는 주장을 하던 사람이에요. 율법을 알지도 못하고 지키지도 않는 이방인들은 구원을 받을 수 없다고 생각하던 사람이에요. 그런데 하나님께서 허락하신 환상을 통해서 자신의 고집을 내려놓게 되죠. 그전 같으면 상상할 수도 없는 일을 시도한 거예요. 이방인인 고넬료의 집에 방문하죠. 거기서 복음을 전해요. 이방인들에게 성령님이 임하시는 것을 경험해요. 하나님의 마음과 생각이 이방인의 영혼에 가득히 부어지는 것을 보게 됩니다. 환상을 통해 하나님의 뜻을 알고, 자신의 고집을 꺾고 순종하고, 성령님께서 자유롭게 역사하시는 것을 경험하면 새로운 세상이 열리는 거죠.

이에 베드로는 예루살렘 교회 공동체의 중요한 회의에서 자신의 경험을 통해 알게 된 하나님의 뜻을 이야기해요. "하나님께서는 유대인과 이방인을 차별 없이 사랑하시는 것이 확실해요. 그러니 이방인에게 유대인이 되라고 강요하지 말고 자유롭게 해 주시죠."라고 말했어요.

📖 **팝업 성경**

욜 2:28 "After all of this I will pour out my Spirit on all kinds of people. Your sons and daughters will prophesy. Your elderly will have revelatory dreams; your young men will see prophetic visions. _NET

그 후에 내가 내 영을 만민에게 부어 주리니 너희 자녀들이 장래 일을 말할 것이며 너희 늙은이는 꿈을 꾸며 너희 젊은이는 이상을 볼 것이며. 요엘 2장 28절 여러분의 권위자들이 하나님이 보여 주시는 환상을 통해 하나님의 마음과 생각을 알게 되면 좋겠어요. 부모님, 선생님, 그리고 목회자들이 환상을 통해 하나님의 뜻을 알 때, 자신의 경험에서 비롯된 고집(?)에서 벗어날 수 있어요. 고집에서 비롯된 자기주장 안에는 복잡한 것들이 얽혀 있어요. 좌절된 꿈에 대한 미련, 권위자의 권위자로부터 받은 상처, 그리고 세속적인 흐름에 휩쓸린 왜곡된 가치관들이죠. 권위자들이 자신의 뜻과 계획이 아니라 하나님의 뜻과 계획이 자녀와 학생의 인생에 성취될 수 있도록 격려해야죠. 하나님의 부르심에 응답하여 자유롭게 날아오를 수 있도록 지지해야죠. 여러분의 가까운 권위자들이 기도를 통해서 하나님의 뜻이 담긴 환상을 보고 이해하셔서 새로운 시도를 하실 수 있도록 여러분도 함께 기도하세요.

초대교회 당시 권위자 역할을 하던 예루살렘 교회 공동체가 새로운 시도를 할 수 있도록 돕는 데 있어서 야고보도 결정적인 역할을 합니다. 야고보는 성경 아모스 9장 11, 12절을 인용해서 자신의 생각을 이야기해요.

> **야고보**
>
> 예수님의 동생. 예수님의 제자 중에도 야고보가 있지만 여기 나오는 야고보와는 다른 사람이다. 베드로가 예루살렘 교회를 떠난 이후 예루살렘 교회의 지도자가 되었다. 예루살렘에서 교회 지도자들의 회의가 열렸을 때 그는 자신의 권위를 "잘" 사용하여 논쟁을 정리하고 결론을 맺는다.

성경을 보세요.

이 후에 내가 돌아와서 다윗의 무너진 장막을 다시 지으며 또 그 허물어진 것을 다시 지어 일으키리니 이는 그 남은 사람들과 내 이름으로 일컬음을 받는 모든 이방인들로 주를 찾게 하려 함이라.
사도행전 15장 16-17절

야고보는 전에 읽던 말씀을 새롭게 이해했어요. 그리고 사람들에게 "하나님께서도 이방인을 거룩한 존재로 인정하시는데 왜 우리가 우리 기준으로 이방인들 무시하고 괴롭히는 것일까" 하고 문제를 제기해요. 성경은 살아계신 하나님의 말씀이에요. 하나님도 살아계시고 말씀도 살아 있습니다.

하나님의 말씀은 살아 있고 힘이 있습니다. 양쪽에 날이 선 칼보다도 더 날카로워서 우리의 혼과 영과 관절과 골수를 쪼개며, 마음속에 있는 생각과 감정까지 알아냅니다. 히브리서 4장 12절(쉬운 성경)

여러분의 권위자가 성경을 읽으시고 설교를 들으실 때, 하나님 앞에서 그 마음과 생각이 드러나요. 치유와 회복이 일어나요. 하나님의 마음과 생각을 깨닫게 되요. 그러므로 여러분의 권위자들이 하나님의 말씀을 통해 새로운 변화를 시도하실 수 있도록 기도하세요. 여러분을 바라보시며 '하나님께서 거룩하고 자율적인 존재로 이 아이를 부르셨는데 내가 너무 많은 규칙과 요구로 괴롭힐 필요가 없지' 라고 생각하실 수 있도록 기도하세요.

셋째, 여러분의 상황, 생각, 그리고 신앙을 정중하게 설명하세요

바울과 바나바는 예루살렘 교회 공동체의 지도자들에게 자신들의 상황, 생각, 그리고 느낌을 설명합니다. 정중하고 부드럽게 설명해요. 자세히 반복해서 설명해요. 성경을 보세요.

예루살렘 교회의 사도와 장로들에게 영접을 받고 하나님이 자기들과 함께 계셔 행하신 모든 일을 말하매. 사도행전 15장 4절

사람들이 바울과 바나바의 이야기를 귀 기울여 경청해요. 성경을 보세요.

온 무리가 가만히 있어 바나바와 바울이 하나님께서 자기들로 말미암아 이방인 중에서 행하신 표적과 기사에 관하여 말하는 것을 듣더니.
사도행전 15장 12절

    어느 목사님께서 의사소통을 위한 대화의 방법에 대해서 다음과 같이 설명하시는 것을 들었어요. "직접", "솔직히", "부드럽게." 여러분이 요즘 살기 어렵다는 거 알아요. 청소년은 어린이에서 어른으로 성장하는 과정에서 과도기적인 혼란을 겪고 있으니까요. 얼마나 힘들어요. 수많은 생각과 느낌이 여러분 속에서 복잡하게 얽혀 있을 거예요. 다른 사람에게 말할 수 없는 것들, 다른 사람들에게 말하지 못하고 지나가는 것들이 참으로 많지 않나요? 그래도 너무 쌓아 두지 마세요. 억압하지 마세요. 안 그런 척 하지 마세요. 가능한 한 주변에 계신 권위자들에게 직접 찾아가 이야기 하세요.

    부모님, 선생님, 목회자, 선배, 성품이 좋고 성실한 친구들에게 직접 여러분의 생각과 느낌을 말하세요. 꾸미지 말고 솔직하게 이야기 하세요. 가능한 솔직하게 여러분이 아는 단어를 다 동원해서 여러분의 생각과 느낌을 설명하세요. 제가 알기로는 부모님들이 속상해 하시는 것은 여러분의 생각과 느낌을 전혀 알 수 없기 때문입니다. 여러분이 도와주셔야 해요. 그리고 부드럽게 말하세요. 정중하게 반복해서 말하세요.

※ ※

여러분은 자신이 정말 원하는 것을 얻고 싶죠? 그 정도는 아니어도 답답한 상황에서 벗어나고 싶으시죠? 숨통이 좀 트이고 자유롭게 꿈틀거리고 싶으시죠? 그래서 여러분을 도와줄 수 있는 사람들에게 여러분의 생각과 느낌을 전달하고 싶으시죠. 그렇다면 이야기를 시작하셔야 해요. 이야기를 시작하기 전에 꼭 알아 둘 것이 있습니다.

좋은 이야기는 좋은 관계를 통해서 열매를 맺어요. 좋은 관계를 맺으려면 우선 여러분이 좋은 사람이 되는 것이 좋아요. 좋은 사람은 생활을 좋게 가꾸는 사람이에요. 여러분의 생활을 아름답게 가꾸시길 바랍니다. 권위자들이 좌절된 기대, 깊은 상처, 그리고 세속적인 가치관에서 떠나서 여러분을 대해야 하듯이 여러분도 연약함과 악독함에서 벗어나는 길을 신중하게 찾기를 시작하셔야 해요.

결론

제가 고등학생 때, 경험한 이야기를 하나 들려드리죠. 제가 아버지에게 오토바이를 사 달라고 했어요. 그러자 아버지는 저에게 오토바이를 구입해야 하는 10가지 이유를 종이에 써 오라고 하셨죠. 그 날부터 저는 고민하면서 오토바이를 사야 하는 10가지 이유를 찾기 시작했죠.

첫째, 대한민국에서 고등학생으로 살아가는 데 받는 스트레스를 아침 저녁으로 풀 수 있다. 둘째, 만원 버스에서 힘들게 등교하여 짜증 부리며 오전 수업을 듣지 않아도 된다. 셋째, 가끔 친한 친구에게 "내가 태워다 줄게"하며 호의를 베풀 수 있다. 넷째, 한 달 버스비가 6,000원인데, 기름 값은 5,600원이 들기 때문에 경제적인 이득이 있다. 다섯째, 여섯째, 일곱째…… 아버지는 그 동안 아들이 오토바이를 사지 않아야 하는 10가지 이유를 준비하셨어요. 첫째, 위험. 둘째, 탈선. 셋째, 넷째, 다섯…… 아버지와 저는 서로 준비한 10가지 이유가 기록된 종이를 바꿔서 읽었어요. 서로의 생각과 느낌을 나누었어요. 그렇게 몇 차례를 반복한 후에 저는 가정 형편상 오토바이를 구입하지 않기로 했어요.

저는 오토바이를 구입하지 않아도 자신의 행복에 조금도 손상이 가지 않는다는 사실을 알게 되었어요. 그리고 앞으로 자신의 행복한 미래를 열어갈 때, 아버지에게 무엇이든 자유롭게 건의할 수 있다는 느낌도 소유하게 되었죠. 아울러 다른 사람들과 마음과 생각을 나누는 대화를 할 수 있는 법을 배우기 시작했어요. 더욱 중요한 것은 하나님 아버지께도 자신의 생각과 마음을 솔직히 고백할 수 있게 되었어요.

✳ ✳

권위자와 갈등 속에 있는 친구가 있다면 기억하세요. 권위를 인정하고 권위자를 위해 기도하고 여러분의 상황과 마음을 설명하세요. 하나님께서 모든 갈등을 하나님의 방법으로 해결하시는 것을 경험하게 될 거예요. 하나님을 신뢰하고 여러분의 인생을 위탁하는 법을 배우는 것이랍니다.

생각해볼 질문들
● 권위 3 (행 15:1~21) ●

■ 성경질문

1. 유대인과 이방인 사이에 어떤 신앙의 문제가 발생했나요?(1절)
2. 이 문제를 해결하기 위해 바울과 바나바를 어디로 보내나요? (2절)
3. 이것은 문제에 대한 최종 결정권이 누구에게 있다고 인정하는 것인가요?
4. 이 문제에 대해 바울과 바나바 그리고 베드로는 각각 어떤 의견을 말하나요?(7~12절)
5. 예루살렘 교회는 의논 끝에 어떤 결론을 내리게 되었나요? (19~21절)

■ 워크샵

1. 이제까지 나는 권위자에 대해 어떤 생각을 갖고 있었나요?
2. 하나님께서는 나의 권위자를 어떤 사람이라고 말하고 있나요?
3. 하나님께서 세우신 권위자와의 사이에서 발생하는 자연스런 갈등을 어떻게 해결하는 것이 좋을까요?

● 권위자와의 갈등 해소, 진정한 자유를 누리며 성장하는 삶

(실천해보세요)

1. 하나님께서 세우신 권위자의 권위 인정하고 정중하게 설명하기

- 지금 내게 있는 갈등에 대해 최종 결정권이 권위자에게 있다고 인정한 후 권위자에게 어떻게 나의 상황, 생각 그리고 신앙을 최대한 정중하게 설명할 것인지 적고 실천해보세요.

발생한 문제	권위자의 의견	나의 의견	내가 설명할 내용	이후 일어난 변화

2. 권위자들을 위해 기도하기

- 권위자들이 기도와 말씀을 통해 하나님의 뜻을 알도록 시간을 정해서 구체적으로 기도해보세요.

권위자	기도내용	언제	실천(O,×)

*모든 권위자들은 나의 미래를 열어 가도록 돕기 위해 하나님께서 세우신 분들이에요. 우리가 권위자들의 권위를 인정하고 그분들을 위해 기도하면서 우리의 상황, 생각 그리고 신앙을 정중히 설명할 때 하나님께서 모든 갈등을 하나님의 방법으로 해결하시는 것을 경험하게 될 거예요. 그러면 우리는 더 큰 자유 안에서 성장하는 삶을 살게 되요.

읽을거리
● 권위3 ●

아들 예수는 어머니의 꾸지람을 거부하고, 자신의 개인적인 필요와 자신에 대한 하나님의 권위를 강조합니다. 그리고 그 하나님의 권위가 자신의 부모가 인식하는 것보다 훨씬 더 넓은 영역에까지 미친다는 사실을 암시합니다. 부모의 권위라고 하는 매개를 통해 처음 들었던 하나님의 명령이, 이제는 부모의 명령과는 별도로 그 모양과 힘을 가질 수 있게 될 것입니다.

예수께서 한가지로 내려가사 나사렛에 이르러 순종하여 받드시더라. 그 모친은 이 모든 말을 마음에 두니라. (눅 2:51)

부모는 계속해서 권위를 행사했으며, 그 청소년은 여전히 순종하며 따랐습니다. 그러나 이 때부터 전과 다른 차이가 하나 생겼습니다. '순종'이라는 것이 다시는 부모의 기대(이를 전혀 무시할 수는 없지만)에 하나하나 맞춰서 사는 것으로 해석될 수 없게 되었습니다. 권위와 순종의 상관 관계는 여전히 작용하고 있었지만, 그 배경은 더 넓어졌습니다.

이 이야기는 부드럽고 요란하지 않으며 묵상을 이끌어 냅니다. 여기에는 '자녀를 말 잘 듣게 만들기 원하는' 부모들에게 주는 충고가 없습니다. 그렇다고 청소년들이 '원하는 대로 하게 해 주는' 허가증도 없습니다. 이 이야기는 부모와 자녀 관계라는 고정된 틀을 깨고, 부모와 청소년의 입장을 둘 다 고려하면서 새롭게 바뀐 현실을 포괄하는 융통성 있는 모델을 제시합니다.

유진 피터슨, 『거북한 십대, 거룩한 십대』에서 발췌.

chapter 7

순종 1

anti-christian 속에 살기

못된 권위: 자유는 잘못된 권위와 관계를 푸는 것

1 그 후에 바울이 아덴을 떠나 고린도에 이르러

2 아굴라 하는 본도에서 난 유대인 한 사람을 만나니 글라우디오가 모든 유대인을 명하여 로마에서 떠나라 한 고로 그가 그 아내 브리스길라와 함께 이달리야로부터 새로 온지라 바울이 그들에게 가매

3 생업이 같으므로 함께 살며 일을 하니 그 생업은 천막을 만드는 것이더라

4 안식일마다 바울이 회당에서 강론하고 유대인과 헬라인을 권면하니라

5 실라와 디모데가 마게도냐로부터 내려오매 바울이 하나님의 말씀에 붙잡혀 유대인들에게 예수는 그리스도라 밝히 증언하니

6 그들이 대적하여 비방하거늘 바울이 옷을 털면서 이르되 너희 피가 너희 머리로 돌아갈 것이요 나는 깨끗하니라 이 후에는 이방인에게로 가리라 하고

7 거기서 옮겨 하나님을 경외하는 디도 유스도라 하는 사람의 집에 들어가니 그 집은 회당 옆이라

8 또 회당장 그리스보가 온 집안과 더불어 주를 믿으며 수많은 고린도 사람도 듣고 믿어 세례를 받더라

9 밤에 주께서 환상 가운데 바울에게 말씀하시되 두려워하지 말며 침묵하지 말고 말하라

10 내가 너와 함께 있으매 어떤 사람도 너를 대적하여 해롭게 할 자가 없을 것이니 이는 이 성중에 내 백성이 많음이라 하시더라

11 일 년 육 개월을 머물며 그들 가운데서 하나님의 말씀을 가르치니라

사도행전 18장 1~11절

서론

일본에서 1,000만권 이상 팔리고, 한국에서 250만권 이상 팔린 『미스터 초밥왕』이란 만화책이 있어요. 그 책에 일본에도 없는 인삼 초밥을 개발한 안효주라는 분이 등장하지요. 그는 처음 일식집에 취직했을 때 남보다 1시간 일찍 출근했어요. 청소하고 요리 재료를 다듬었어요. 짬짬이 초밥 만드는 것을 연습하고 선배 요리사의 요리 과정을 넘겨보기도 했어요. 그런데 그때마다 선배들은 "인격 모독적 발언과 정강이를 차거나 심지어 칼등으로 등짝을 내려치기도" 했어요. 안씨는 선배들의 파워power 앞에서 모든 것을 포기할까 여러 번 생각했어요. 하지만 그의 마음속에는 꿈이 있었어요.

"나는 훌륭한 요리사가 될 것이다. 실력으로 자유를 얻을 것이다. 그러면 나만의 음식점을 만들 것이다. 요리로 손님과 소통하며 손님이 행복한 자유를 누리도록 할 것이다."

50세 안효주씨는 이제 일식 전문점 "스시 효孝"를 운영하며 손님들과 소통하고 있어요. 그의 책 『손끝으로 세상과 소통하다』에 이런 일화가 담겨있어요. 어느 저녁 안씨는 한 아가씨가 자신이 만든 초밥을 먹다가 눈에 눈물이 고인 것을 보지요. '너무 매워서 그런가?' 당황한 그는 조심스럽게 "음식이 맵기 때문이신가요?"라고 물어요. 그때, 아가씨는 "이런 초밥을 만들기 위해서 요리사가 흘렸을 땀과 눈물을 생각 하다가 감동하게 되었어요. 너무 행복하네요. 참 감사합니다."라고 말해요.

✺ ✺

하나님께서는 예수님을 믿는 여러분을 죄와 죽음에서 자유롭게 하시고, 여러분을 통해서 다른 사람들이 행복하고 자유로운 삶을 살 수 있도록 하실 거예요. 말씀을 보세요.

> 형제들이여, 하나님께서 여러분을 부르셔서 자유인이 되게 하셨습니다. 그러나 그 자유를 육체의 욕망을 채우는 기회로 삼지 말고, 사랑으로 서로 섬기십시오. 갈라디아서 5장 13절(쉬운 성경)

하나님께서는 여러분을 한 분야의 권위자로 세워 가세요. 여러분은 그 권위로 많은 사람들과 소통하며 많은 사람을 자유로운 삶으로 초대할 거예요. 그 과정에서 하나님께서는 여러분이 다양한 권위자 아래서 훈련 받도록 하세요. 어떤 권위자는 여러분이 순종하고 따르기에 좋을 거예요. 또 다른 권위자는 여러분을 불편하게 만들기도 하고, 또 어떤 권위자는 도저히 따를 수 없을 때도 있을 거예요.

여러분은 그 모든 권위자에게 순종과 반항을 반복하면서 내면의 그릇이 넓고 깊어지는 것을 경험하게 될 거예요. 또한 외적인 태도가 탁월하게 갖추어지는 것도 경험하겠죠. 그렇게 여러분은 하나님의 권위에 순종하는 법을 배우는 거예요. 하나님의 말씀은 때로는 이해할 수 있지만 때로는 도저히 이해하지 못할 때도 있거든요. 그런 상황에도 순종할 수 있는 사람으로 성장하는 거예요.

하지만 때로는 여러분이 이성과 정서적인 면에서 도저히 따를 수 없는 권위자를 만나게 될 거예요. 상식적이지 않고 신앙적이지 않은 권위자들이 하는 말을 다 따를 수는 없기 때문이죠. 예를 들어서, 앞서 소개한 안효주씨의 선배 요리사들 같은 사람이 그 대표적인 부류에요. 권위자가 권력을 남용해서 여러분의 마음과 몸에 치명적인 손상을 시키는 경우가 있죠. 그것은 잘못된 권위자이거나 권위를 잘못 사용하는 거예요.

부모님들 중에 폭언과 폭력을 사용하여 자녀의 마음과 몸에 상처를 주는 것은 권위를 잘못 사용하는 거죠. 선생님이 성적을 기준으로 대학 진학 대상자에서 벗어난 친구들을 무시하는 것은 권위를 잘못 사용하는 거예요. 목회자가 하나님의 심판에 근거한 두려움을 통해 교인을 몰아가는 것은 권위를 잘못 사용하는 거예요. 선배들을 비롯해서 인기 있는 청소년들이 친구들에게 좋지 않은 영향력을 미치는 것은 권위를 잘못 사용하는 거예요. 권위를 잘못 사용하는 사람들과 잘못된 권위자들을 만나게 될 경우에 어떻게 해야 할까요?

잘못된 권위 혹은 권위를 잘못 사용하는 부류 중에는 개인과 집단이 있어요. 여기서는 잘못된 권위를 세우고 권위를 잘못 사용하는 집단 중 하나인 안티-크리스천 anti-christian 모임에 어떻게 대처해야 하는지에 관해서 이야기하고자 합니다. 이들은 집단적인 활동과 함께

> **안티-크리스천**
>
> 기독교의 주요 교리를 적극적으로 부정하거나 기독교인에 대해서 반대하는 사람들을 지칭하는 호칭이다. 영미권에서는 Christophobia(크리스토포비아)로도 불린다.

미디어를 통해서 잘못된 세계관을 불특정 다수에게 유포시키고 있습니다. 이들의 주장에 영향을 받은 청소년들이 학교와 학원에서 교회에 출석하는 청소년들에게 종교적인 이야기를 하는 과정에서 적지 않은 상처를 입히는 것으로 밝혀지고 있습니다. anti-christian은 "건전한 종교 비판을 통한 국가의 정치적 발전"을 표방하지만 실제로는 하나님, 기독교, 그리고 기독교인을 비난하는 데 총력을 기울여요. 종교 법인법 제정 추진 시민 연대 창립자인 이드 사무처장은 자신의 소명을 "기독교를 소멸시키는 것"이라고 해요.

anti-christian들의 활동은 갑자기 시작된 것이 아니에요. 인터넷이 발달한 요즘 더욱 기승을 부리는 것처럼 보이는 것이죠. 그 특징은 성경에 대해서 정확하게 알지 못하면서 "기독교에 대한 부정적인 기사", "교회 출석을 그만 둔 사람의 경험에 근거한 이야기", 그리고 "성경의 일부 내용에 대한 왜곡된 해석"을 유포하면서 사람들이 기독교에 대해서 무조건 반감을 갖도록 조장하고 있어요.

그들이 주로 문제로 삼아 질문하는 것은 이런 거예요. "신이 어떻게 하나면서 셋이야?", "처녀가 어떻게 애를 낳아?", "왜 기독교만 믿어야 해?", "교회는 왜 이렇게 많아?", "사랑의 종교라고 하면서 왜 매일 싸워?", "신의 능력을 신뢰하면서 왜 돈을 그렇게 좋아해?", "교회 다니는 사람하고 우리들하고 다른 게 뭐야?", "두려우니까 무책임하게 숨어서 종교에 의지하는 거 아니야?"

※ ※

기독교가 귀담아 들어야 할 내용이죠. 신학적인 연구, 신앙적인 훈련, 상식적인 태도, 자신을 돌아보는 기도에 대한 노력이 필요해요. 스스로를 바르게 세우고 사회에 공헌하고 하나님의 나라를 만들어 가기 위해서 기독교가 많이 노력해야 하는 것이 당연하죠. 이제 자기 갱신을 위한 노력과 함께 무조건적인 비판과 헐뜯기를 일삼는 사람들에 대해서는 적절한 대처가 필요해요. 특히 기독교에 대한 사회적인 인식을 좋지 않은 쪽으로 조성하거나 자라나는 어린이와 청소년들이 기독교와 교회에 관심을 갖는 것 자체를 방해하기 위한 목적으로 활동하는 사람들이 있어요. 그들이 벌이는 활동 중에 하나가 반기련이란 단체에서 벌이는 "바이블 19금 천만인 서명 운동"이에요. 성경 내용이 악하기 때문에 19세 이하는 성경을 읽지 못하도록 하자는 거예요.

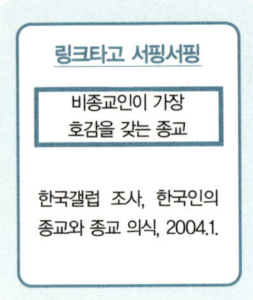

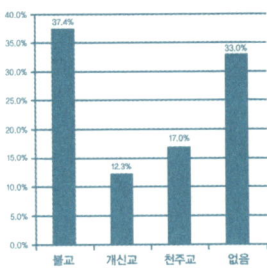

이와 유사한 반기독교적인 활동과 기독교의 미성숙함 때문에 국내에서 기독교에 대한 인식이 점차 안 좋아지고 있는 것이 사실이에요. 한 조사에 의하면 "개신교 관련 뉴스를 접하면 일단 부정적으로 생각된다."라는 항목에 "그렇다."라고 답한 사람이 60퍼센트. 또한 비종교인이 가장 호감을 갖는 종교는 불교가 37.4퍼센트이고 개신교는 12.3퍼센트에 불과해요. 여러분은 anti-christian 의 영향을 받은 수많은 사람들 속에 살고 있어요. 잘못된 권위에 대처하기 위해서 어떻게 해야 할까요?

본론

오늘 본문을 보세요. 2000년 전에도 anti-christian 모임이 있었어요. 그 중에 한 무리가 바로 유대인들이에요. 이들은 구약 성경 내용을 근거로 자신들이 만든 복잡한 종교 의식을 강조했어요. 유대인들은 자기 민족만이 신의 선택을 받았으며,

유대인 중심의 정치적 통일을 이루는 것을 사명으로 알았어요. 그래서 "예수 그리스도를 믿으면 죄의 유혹, 무의미의 절망, 그리고 죽음의 두려움에서 벗어나서 진정한 자유와 행복을 누릴 수 있다."고 말하는 기독교인들을 비난하고 핍박하고 조직적으로 공격하기를 서슴지 않았어요.

특히 예수 그리스도의 복음을 가장 앞서서 전하는 바울 선생님을 가만 두지 않았어요. 바울 선생님이 가는 곳마다 따라다니면서 계획적으로 핍박하며 거짓 사실을 만들어 중상, 모략, 그리고 협박했어요. 이런 상황에서 하나님께서 바울 선생님을 어떻게 인도하시는지 살펴보지요. anti-christian 을 비롯해서 힘을 잘못 사용하여 여러분의 몸과 맘을 상하게 하는 잘못된 권위자에게 어떻게 대응해야 하는지도 생각해 보세요.

첫째, 하나님을 믿는 친구들과 함께 행동하세요

아굴라라 하는 본도에서 난 유대인 한 사람을 만나니 글라우디오가 모든 유대인을 명하여 로마에서 떠나라한 고로 그가 그 아내 브리스길라와 함께 이달리야로부터 새로 온지라 바울이 그들에게 가매.
사도행전 18장 2절

당시 유대인anti-christian은 기독교인christian을 인격적인 모욕, 육체적인 폭력, 그리고 법률적 방법을 동원하여 괴롭혔어요. anti-christian의 활동으로 로마 사회가 혼란에 빠질 정도였어요. 이에 로마 4대 황제인 글라우디오는 유대교를 믿던 기독교를 믿던 상관없이 모든 유대인들을 로마에서 추방시켰어요. 그래서 브리스길라와 아굴라 부부가 고린도로 피신했어요. 얼마나 힘들었겠어요. 바울은 아테네에서 복음을 전하다가 고린도에 왔어요. 아테네는 신화와 철학의 영향으로 우상 숭배와 인본주의가 가득한 도시예요. 그래서 아테네에서는 바울이 아무리 열심히 전도를 해도 예수님을 영접하는 사람들이 거의 없었어요. 바울이 얼마나 지쳤을까요?

바울이 브리스길라와 아굴라 부부를 고린도에서 만났어요. 잘못된 권위자들 때문에 지친 하나님의 사람들이 만났습니다. 성경은 "바울이 그들에게 가매"라고 해요. 그들은 함께 생활하면서 서로 격려하고 위로하며 새 힘을 얻었어요. 힘든 세상에서 하나님의 사람들은 서로에게 "하나님께서 보내주신 선물"이에요.

대한민국에서 고등학생으로 살아가는 여러분!
anti-christian 속에서 살기가 얼마나 힘드신가요? 주변을 둘러보세요. 잘못된 권위에 지친 여러분이 새 힘을 얻도록 하나님께서 보내시는 하나님의 선물이 있어요. 바로 예수 믿는 친구들이죠. 함께 하세요. 교회에서 뿐만 아니라, 학교와 학원에서 서로에게 힘이 되실 수 있기를 바랍니다. 격려와 칭찬의 말로 서로 축복하세요. 서로를 위해서 기도 하세요. 말씀 묵상과 기도제목을 나누는 모임을 만드세요. 서로에게 하늘의 선물이 되세요.

둘째, anti-christian이 여러분을 규정하지 못한다는 것을 기억하세요

6절 앞부분을 보세요. "옷을 턴다."는 것은 단호하게 대응한다는 의미가 있어요. anti-christian에게 단호하게 대응하세요. 그들이 하는 이야기를 들으면 처음에는 부인하지만 나중에는 속이 상해요. 하나님을 모르는 친구의 불신앙 때문에 속상하고요. 그 친구들의 무례한 태도 때문에 마음이 상해요. 나중에는 '내가 믿는 하나님이 이 정도 인가?', '교회는 왜 이러지?', '기독교인들은 정말 문제가 많아.' 라고 생각하면서 우울해지지요. 그렇다고 우울한 상태로 계속 있지 마세요. 그 자리에서

털고 일어나셔야 해요. 역사상 기독교인을 못살게 구는 사람들은 항상 있었거든요.

우선 그런 현상을 자연스럽게 받아들이세요. 그러려면 마음부터 단호하게 먹어야 해요. 우리에게 문제가 있는 것은 당연하잖아요? 하지만 하나님께는 문제가 없으세요. 사람들이 말하는 것 때문에 하나님과 기독교가 문제가 많다고 느끼지 마세요. 성경에 보면 하나님께서 문제 많은 이스라엘을 항상 구원하시고, 치유하시고, 건강하게 세워주셨어요. 우리도 그렇게 하실 거예요. anti-christian들이 말하는 오늘의 기독교가 기독교의 결론이 아니에요. 미래는 하나님께서 주관하세요.

공감하면 붐업
이 문장에 어느 정도 공감이 되나요? 위 빈 칸에 자신의 생각을 댓글로 달고 그 옆에 별점도 줘 보세요.

☆☆☆☆☆

요셉은 문제가 많은 청소년이었어요. 미성숙했어요. 자기중심적이었어요. 형들에게 자기자랑을 일삼았어요. 형들의 잘못을 아버지께 고자질했어요. 누가 그런 동생을 좋아하겠어요. 보면 화가 나죠. 물론 형들이 너무한 것이 맞아요. 동생

요셉을 사막 한 가운데 있는 깊은 웅덩이에 던져 놓고는 죽이려고 했어요. 잘못한 거예요. 형들이 권위를 잘못 사용한 거예요. 그 웅덩이에는 아무것도 없었어요. 물도 없고 음식도 없고, 살 수 있다는 희망도 없었어요. 하지만 하나님께서 계셨어요. 요셉과 형들에게는 문제가 많았어요. 하나님께서는 문제가 없어요.

첫째로 요셉을 구원하셨어요. 그 다음에 큰 가뭄으로 다 굶어 죽어 갈 때, 요셉을 통해서 형들도 구원하셨어요. 여러분 하나 때문에 모든 사람이 구원 받는 날이 오고 있어요. 여러분 때문에 anti-christian도 구원 받게 될 거예요. 여러분의 마음을 단단하게 하세요.

셋째, anti-christian이 여러분을 손상 시키지 않도록 영향력을 단절하세요

또 6절을 보세요. "너희 피가 너희 머리로 돌아갈 것이요." 하나님을 조롱하며 하나님의 사람을 계획적으로 괴롭히는 사람들은 하나님께서 심판하세요. 바울은 유대인들이 그 죄에서 구원받도록 돕기 위해서 최선을 다했어요. 하지만 유대인들이 끝까지 거부하며 바울을 괴롭히며 복음을 전하지 못하게 했어요. 이에 바울은 유대인이 하나님의 심판을 받을 것이라고 선포하는 거예요.

> **실시간 검색**
>
> Christianity Today
> 한국판
>
> 1. 크리스채너티 투데이
> 2. 일리노이주 휘턴
>   (Wheaton, Illinois)
> 3. 1956년 10월 15일
> 4. 빌리 그레이엄, 존 스토트, 제임스 패커
> 5. 중도 복음주의

한국 교계는 anti-christian의 구원을 위해서 공동으로 대처하고 있어요. 대화를 시도하고 있어요. Christianity Today 한국판도 그들이 기독교에 대해서 바른 인식을 갖도록 돕기 위해 발행되기 시작한 거예요. 하나님의 사랑으로 품을 수 있으면 좋지만 여러분의 몸과 맘이 다칠 때까지 참지 마세요. 부정적인 말을 반복해서 듣게 되면 정서, 정신, 그리고 영혼까지 손상을 당할 수 있어요. 이제 단호하게 말하세요. "질량 보존의 법칙이 있듯이 말과 생각의 보존의 법칙이 있어요. 당신이 하는 말은 사라지지 않아요. 그러므로 당신이 책임을 져야 해요. 조금 자중하시는 것이 좋겠습니다." 말로 할 수 없을 때에는 속으로 그렇게 선포하세요. 또 하나님 앞에서 그렇게 기도하세요. 주님의 보혈의 능력이 여러분의 영혼과 그 사람들의 영혼을 덮기를 기도하세요. 그리고 여러분의 내면이 자유의 숨결이신 성령님의 보호를 받도록 하세요.

넷째, 사람들에게 선한 영향력을 미칠 수 있는 새로운 방법을 찾으세요

또 6절을 보세요. "이 후에는 이방인에게로 가리라." 바울은 곧 디도 유스도라는 경건한 이방인의 집에 거처를 정하고 이방인에게 복음을 전하기 시작했어요. 곧 고린도 지방에 있는 많은 이방인들이 예수님을 영접하고 하나님의 자녀가 되었어요. 뿐만 아니라 유대인들 중에서도 믿는 사람들이 늘어났어요. 하나님께서 열어 주시는 길에 집중할 때, 창의력이 생겨요. 창의력으로 좋은 열매를 맺기 위해서는 기본기가 든든해야 합니다. 크리스 와이드너Chris Widener는 『영향력』에서 "다른 사람의 마음에 나의 꿈을 심어라."고 하면서 모범적 도덕성, 낙천적 긍정성, 배려적 이타성, 그리고 최선의 성실성을 강조해요. 기본에 충실하세요. 그러면 여러분은 매력적인 사람이 될 거예요. 영향력 있는 그리스도인이 됩니다. 사람들이 여러분에게 관심을 갖게 될 거예요. 여러분에게 관심을 갖는 사람들에게 좋은 소식, 예수님의 사랑을 이야기 하세요. 듣는 사람에게 먼저 이야기 하세요. "들을 귀 있는 자는 들을지어다!"

✳✳

여러분 주변에는 준비된 친구들이 있어요. 자신의 내면에 대해서 진지하게 성찰하는 청소년, 영원한 세상에 대해 동경하는 청소년, 의미 있는 인생에 대해서 관심을 갖는 청소년, 진정한 행복을 추구하는 청소년, 그들에게 그 모든 것의 답이 바로 하나님의 아들, 예수 그리스도라고 말하세요. 하나님께서 우리를 사랑하셔서 죄에서 구원하시려고 아들을 십자가에 달리게 하셨다고 말하세요. 그러면 알아들을 거예요. 하나님께서 바울 선생님에게 환상 중에 하신 말씀을 들어 보세요.

📖 팝업 성경

계속 밀고 나가거라. 누구에게든지 겁을 먹거나 침묵해서는 안 된다. 무슨 일이 있어도 내가 너와 함께 하니 아무도 너를 해칠 수 없다. 이 도시에 내 편에 서 있는 사람이 얼마나 많은지 너는 모른다.
_메시지 성경

두려워하지 말며 침묵하지 말고 말하라. 내가 너와 함께 있으매 어떤 사람도 너를 대적하여 해롭게 할 자가 없을 것이니 이는 이 성중에 내 백성이 많음이라.
사도행전 18장 9-10절

결론

    기독교에 대한 사회적인 평판이 좋지 않은 상황에서 차분하게 교회에 출석해서 신앙생활을 지속하는 여러분을 주님의 이름으로 응원합니다.

    여러분을 통해서 여러분의 가족과 친구, 그리고 이웃과 이방인이 자유로운 생활을 누리게 될 것을 기대합니다.

    여러분 때문에 anti-christian도 자유를 누리게 될 것을 기대합니다.

생각해볼 질문들
● 순종 1 (행 18:1~11) ●

■ 성경질문

1. 바울은 누구와 함께 했나요?(1~3절), 서로에게 어떤 영향을 주었을까요?

2. 바울을 대적하는 유대인 anti-christian 들을 향해 바울은 어떻게 하나요?(6절)

3. 바울은 핍박하는 유대인들을 떠나 어디로 옮기나요?(7절)

4. 그곳에서 바울은 어떤 영향력을 미치나요?, 그들에게 어떤 일이 일어났나요?(8절)

5. 하나님께서는 anti-christian들 사이에 있는 바울에게 어떻게 함께 하셨나요?(10절)

■ 워크샵

1. 주변에서 나를 힘들게 하는 anti-christian들은 누구인가요?

2. 그들의 이야기 중에서 귀 기울여 들어야 할 것과 과감히 버려야 할 내용은 무엇인가요?

3. 내 주변의 권위를 잘못 사용하고 있는 anti-christian들에 대해

어떻게 대처해야 할까요?

● 권위를 잘못 사용하고 있는 anti-christian들에게 대처하는 삶
  (실천해보세요)

1. 믿는 친구들과 함께 하기
- 믿는 친구들과 서로 격려와 칭찬 그리고 말씀 묵상과 기도하는 모임 등을 통해 함께 하면서 서로에게 힘이 되어 주세요.

_____에게 보내는 응원 메시지!!! ♥

2. 단호하게 선포하기
- anti-christian들이 우리를 규정할 수 없다는 것을 늘 기억하고, 반복해서 공격할 때에는 말과 생각으로 그들에게 멈추도록 선포하세

요. 그리고 그들의 영혼을 위해 기도해주세요.

3. 선한 영향력 미치기

- 주변의 anti-christian들에게 좋은 영향을 줄 수 있는 사람이 되도록 내가 노력할 수 있는 부분이 무엇인지 구체적으로 생각해보고 실천해보세요.

모범적인 생활	
긍정적인 생각	
주변 돌아보기	
성실한 태도	
그 외	

＊하나님은 우리를 많은 사람들과 소통하며 많은 사람을 자유로운 삶으로 초대하는 권위자로 세워 가세요. 그 과정에서 우리는 다양한 권위자들을 만나게 되고 잘못된 권위를 사용하는 anti-christian들을 만나기도 해요.

우리가 anti-christian들에 대해 올바르게 대처할 때 우리를 통해 주변 사람들이 자유로운 생활을 누리게 되고 나아가서는 anti-christian들도 자유를 누리게 될 날이 올 거예요.

읽을거리
● 순종 1 ●

하나님에 대한 믿을 만한 이론을 찾아낸 후에야 하나님께 순종하겠다는 말은, 여러 치료법을 연구하면서 반드시 먹어야 할 약을 한쪽에 밀어두는 것과 마찬가지입니다. 여러분은 그리스도가 우리에게 요구하는 것이 옳다고 생각합니다. 적어도 그 대부분이 옳다고 믿습니다. 그러면 하나님이 "그렇게 하라"고 말씀하셨든 안 하셨든 순종하는 것이 우리 의무입니다. 당신이 진리에 대해 알고 있는 대로 행동하지 않고 그 이유를 지적으로 따진다고 이상할 것은 없습니다.

밀턴Milton이 말한 대로, 타락한 천사들은 그런 논리적 탐색에서 위안을 얻기 때문입니다. 그러나 그런 탐색에서 얻은 결론을 '진리'로 착각해서는 안 됩니다. 우리가 의무라고 고백하면서도 행하지 않는 일을 오로지 좋아서 행하는 사람을, 진실하지 못한 우리가 무슨 자격으로 판단할 수 있겠습니까? 먼저 진리에 순종하십시오. 그러면 이론은 뒤따르기 마련입니다. 삶에서 이론이 만들어지는 것이지, 이론에 따라 삶을 사는 것이 아닙니다.

조지 맥도날드, 『전하지 못한 설교』에서 발췌.

chapter 8

순종 2

죽음을 각오한 사람의 자유

생명 위탁:
자유는 진리로 죽음을 넘는 것

7 두로를 떠나 항해를 다 마치고 돌레마이에 이르러 형제들에게 안부를 묻고 그들과 함께 하루를 있다가

8 이튿날 떠나 가이사랴에 이르러 일곱 집사 중 하나인 전도자 빌립의 집에 들어가서 머무르니라

9 그에게 딸 넷이 있으니 처녀로 예언하는 자라

10 여러 날 머물러 있더니 아가보라 하는 한 선지자가 유대로부터 내려와

11 우리에게 와서 바울의 띠를 가져다가 자기 수족을 잡아매고 말하기를 성령이 말씀하시되 예루살렘에서 유대인들이 이같이 이 띠 임자를 결박하여 이방인의 손에 넘겨 주리라 하거늘

12 우리가 그 말을 듣고 그 곳 사람들과 더불어 바울에게 예루살렘으로 올라가지 말라 권하니

13 바울이 대답하되 여러분이 어찌하여 울어 내 마음을 상하게 하느냐 나는 주 예수의 이름을 위하여 결박 당할 뿐 아니라 예루살렘에서 죽을 것도 각오하였노라 하니

14 그가 권함을 받지 아니하므로 우리가 주의 뜻대로 이루어지이다 하고 그쳤노라

사도행전 21장 7~14절

서론

한 젊은 죄수가 교도소 담벼락에 기대서 고민을 하고 있어요. '자유를 얻게 되면 의미 있게 살자. 그러려면 여기서 무엇을 할까? 검정고시, 기술, 성경······.' 그때, 담벼락을 기어 다니는 개미 한 마리를 발견하지요. 그때부터 젊은이는 개미에게 "차려", "열중 쉬", "경례", "앞구르기", 그리고 "춤추기"를 가르치지요. 잠자고 먹는 시간 빼고 가르쳐요. 그야말로 목숨을 걸고 가르쳐요. 드디어 자유의 날, 젊은이는 고급 레스토랑으로 가서 최고급 요리를 주문해요. 식사를 마친 젊은이는 지배인을 부르죠. 훈련된 개미의 모습을 보여준 다음에 음식 값을 대신하려고 한 거예요. 지배인이 다가 오자 젊은이는 주머니에서 그 개미를 꺼내서 테이블 위에 올려놓죠. 그리고 자신 있는 목소리로 말해요. "여기 개미를 잘 보세요." 그러자 지배인은 "아! 죄송해요."라고 말하고는 급하게 손가락을 들어 그 개미를 눌러 죽이고 말아요. 개미 한 마리에 모든 시간을 투자했던 젊은이는 깊은 좌절을 겪었다고 해요.

리처드 칼슨Richard Carlson이란 분이 『사소한 것에 목숨을 걸지

마라』는 책에서 다음과 같이 말해요. 대부분 사람들은 1년, 혹은 5년 후에 돌아보면 사소한 것들에 목숨을 건다는 거예요. 사소한 모든 것이 다 중요하게 생각 되요. 항상 긴장된 응급 상황이에요. 분주하고 초조하니 집중력이 떨어지는 거예요. 에너지를 낭비하니까 열매가 없어요.

결론적으로 저자는 현대인들이 주변 사람들과 상황에 끌려 다니는 "반응적인 삶"에서 벗어나야 한다고 말합니다. 중요한 것에 집중하는 "전망적인 삶"으로 전환하라는 거예요. 사소한 것에 목숨을 걸지 말라는 것은 중요한 것에 목숨을 걸라는 의미죠. 사람이 가장 행복한 때가 언제인지 아시죠? 자신이 가장 중요하다고 생각하는 일에 몰입할 때입니다. 역사는 평범한 사람들이 스스로 중요하다고 생각하는 것에 몰입하는 일상이 모여서 이루어지는 거예요.

성경에는 하나님을 믿는 사람들이 생명을 거는 순간을 묘사한 부분이 있어요. 지금으로부터 약 2400년 전에 페르시아가 세계 강국으로 등장했을 때에요. 아닥사스다 왕 1세가 이스라엘을 통치할 때, 왕궁에 끌려온 식민지의 총명한 이스라엘 사람 중에 느헤미야라는 사람이 있었어요. 그는 폐허가 된 예루살렘 성전과 그로 인해 하나님의 이름이 멸시를 받게 된 것에 대해 듣고 탄식하며 기도했어요.

"하나님 예루살렘 성전이 폐허가 된 것은 저와 저의 조상이 하나님의 말씀에 불순종한 것 때문입니다. 회개합니다. 이제 하나님의 말씀에 순종하겠습니다. 이 백성을 회복시키시고 하나님의 영광을 회복시키세요. 그리고 제가 은혜를 입어 왕궁에서 형통하게 해 주세요."

하나님께서 이 기도를 듣고 응답하셨어요. 느헤미야가 아닥사스다 왕의 술 관원이 되었어요. 왕이 마시는 술을 책임지는 일은 매우 중요하고 높은 직책이에요. 느헤미야는 항상 왕의 술 맛을 관리했어요. 그리고 그 안에 독이 들어 있는지를 점검했어요. 그리고 왕에게 술을 전할 때, 왕이 편안한 마음으로 그 술을 마실 수 있도록 항상 자신의 표정과 의복을 관리했지요.

그러던 어느 날, 느헤미야는 안 좋은 표정으로 왕에게 술을 바쳤어요. 아마도 느헤미야의 얼굴에는 하나님의 성전과 조국의 주권이 짓밟힌 것에 대한 안타까움이 그대로 담겨있었던 것 같아요. 당시 왕 앞에서 어두운 얼굴을 한 신하는 왕의 명령에 의해서 그 자리에서 죽을 수도 있었어요. 그것을 모를리 없는 느헤미야가 그렇게 한 것은 죽기로 각오한 것이죠. 목숨을 내놓고라도 왕에게 할 말이 있었던 것 같아요.

그 순간 왕이 느헤미야에게 "네가 아프지도 않은데 어찌하여 얼굴에 수심이 가득한가? 마음에 무슨 근심이라도 있느냐?"라고 말했어요. 느헤미야는 죽음에 대한 두려움이 가득한 상태로 자신의 고민을 이야기해요. 그리고 예루살렘 성전의 복원을 위한 휴가를 요청해요. 그 순간 기적이 벌어져요. 왕이 느헤미야의 청을 허락한 거예요. 이에 느헤미야는 외부의 방해와 내부의 중상모략에도 불구하고 52일 만에 예루살렘 성전을 복원해요. 이 사건을 통해서 모든 사람이 살아계신 하나님을 두려워하기 시작해요. 모두 하나님을 찬양해요. 느헤미야는 조국의 역사를 전환하는 데, 그리고 하나님의 영광을 회복하는 데 자신의 목숨을 걸었어요.

여러분은 하나님 주신 은사와 재능에 따라 진로를 결정하게 될 거예요. 교육, 문화, 정치, 경제, 외교, 군사, 과학, 종교, 농수산업 등의 분야에서 열심히 일하게 되겠죠. 여러분 때문에 그 모든 분야에 하나님의 뜻과 계획이 성취되기를 기도합니다. 하지만 안타깝게도 그 분야에서 여러분은 하나님께서 원하시는 것들이 무시되는 것을 목격하게 될 거예요. 사람들이 도모하는 일, 사람들과 맺는 관계 안에서 사랑, 소망, 신뢰, 섬김, 나눔, 정직, 질서, 기대, 인내, 축복 등과 같은 것이 사라져 버렸다는 것을 경험하게 될 거예요. 여러분 때문에 우리나라의 다양한 분야에서 하나님의 뜻과 계획이 이루어지게 될 것을 기대합니다. 그렇게 살기 위해서 있는 힘을 다해서 여러분의 미래를 준비하세요. 저는 하나님의 나라를 위해서 온 힘을 다하는 성실함이 21세기의 순교라고 생각해요.

본론

다시 말씀드리지만 저는 하나님께서 여러분을 통해서 우리나라를 회복하실 것을 신뢰해요. 여러분 중에서 단 한 명도 예외는 없어요. 여러분이 포기하면 대안이 없어요. 여러분이 믿음으로 버텨 주셔야 해요. 반드시 승리할 것입니다. 그것은 여러분의 승리가 아니라 여호와 하나님의 승리에요. 이 세상을 만드신 하나님 아버지의 승리에요. 하나님은 그 승리의 기쁨을 여러분에게 모두 돌려주실 거예요. 그 날을 바라보면서 함께 성장하기를 바랍니다. 그 과정에서 여러분이 꼭 기억할 몇 가지가 있어요.

첫째, 사람과 환경에 휩쓸리지 않는 자신의 가치를 발견하세요

바울 선생님은 예루살렘에 가면 고난을 당한다는 사실을 알고 있었어요. 그 제자들도 알고, 하나님도 알고 계셨어요. 바울 선생님이 밀레도에서 예루살렘으로 출발하기 전에 에베소 장로님들이 방문하셨어요. 그때, 바울 선생님이 장로님들께 마지막 인사를 하시죠. "다시는 얼굴을 보지 못할 것입니다." 비장하죠. 그 후 두로에 도착한 바울 선생님은 제자의 집에서 일주일을 머물러요. 그때, 제자들이 "선생님 아무리 기도해봐도 예루살렘에 가시면 안 될 것 같습니다. 거기 가시면 큰 고난을 당하시게 됩니다."라고 매달리죠. 하지만 바울 선생님은 예루살렘으로 향합니다. 돌레마이에 도착한 바울 선생님은 빌립 집사님의 집에 며칠 머물게 되죠. 그때, 아가보라는 예언자가 바울의 허리띠로 자신의 손과 발을 묶고 말해요. "예루살렘에 가면 유대인들이 이 띠의 임자를 이렇게 묶어서 이방인들에게 넘겨 줄 겁니다." 이 말을 들은 제자들과 여러 사람들이 "바울 선생님 절대로 예루살렘에 올라가지 마세요."라고 강권하지요. 이즈음 되면 바울 선생님이 "아이 참내 가야하는데, 다들 이렇게 말리니 할 수 없군……"이라고 말하면서 예루살렘 행을 포기할 수도 있잖아요. 그런데 그 순간 바울 선생님의 답변을 들어 보세요. 오늘 본문 13절 앞부분이에요. "여러분이 어찌하여 울어 내 마음을 상하게 하느냐"

※ ※

어떠세요? 바울 선생님의 단호함이 느껴지시죠? 아무리 가까운 사람이, 아무리 많은 사람이 반대해도 바울 선생님은 자신의 뜻을 굽히지 않을 작정이에요. 모든 사람이 말리는 상황에서 누가 자신의 길을 묵묵히 걸어갈 수 있을까요? 바로 곁에 평탄한 길이 보장되어 있는데도 자신이 선택한 길을 포기하지 않을 수 있을까요? 자기 안에 인생의 분명한 목적을 가진 사람입니다. 바울 선생님은 그 어떤 것과도 바꿀 수 없는 "참된 가치"를 품고 계셨어요.

요즘 청소년들이 가장 관심 있어 하는 것이 "돈"이랍니다. "행복하게 살고 싶어서 돈을 많이 벌어야 한다."고 말해요. "왜 그 직업을 선택하고 싶은지" 물으면 적지 않은 청소년들이 "돈을 많이 벌 수 있으니까요"라고 대답해요. 생활을 위해서 돈은 필요한 거예요. 열심히 일하고 돈을 벌어서 좋은 데 사용하면 좋겠어요. 하지만 공부하는 이유, 일하는 이유가 오직 돈 때문이라는 것에는 문제가 있어요.

생각해 보세요. 여러분은 언제 돈을 사용하세요. 물건을 구입하고 그 값으로 돈을 지불하지요. 그 물건은 여러분에게 "가치 있다"고 여겨지기 때문에 구입하는 거예요. 돈은 가치를 선택하고 그 값으로 지불하는 도구거든요. 그렇다면 여러분이 돈을 많이 벌기 전에 여러분이 무엇을 가치 있게 생각하는 지에 관해서 깊이 생각해 봐야 해요.

어느 산골에 젊은 청년이 살고 있어요. 아무도 그가 왜 거기 들어와 사는지 몰라요. 그런데 어느 날 그 청년이 이렇게 말했다고 해요. "고추 짓는 사람은 자기가 재배한 고추를 먹지 않고, 토마토 키운 농부는 자기가 키운 토마토를 먹지 않습니다." 일부 농부들이 돈을 벌기 위해 농작물에 농약을 많이 친다는 거예요. 농부는 자신이 재배한 농작물을 먹지 않는다고 해요. 참 슬픈 현실이죠. 그래서 그 청년은 재배한 농작물을 직접 먹고, 친구와 나누어 먹는 세상을 만들고 싶어서 농사를 짓기 시작한 것이라고 해요.

여러분이 단순히 돈을 많이 벌기 위해서 공부를 한다면 여러분은 스스로를 과대 포장하기 위해서 세상에서 통용되는 방법을 모두 동원할 거예요. "영적인 농약"이라고 할까요? 세상에는 자신이 원하는 성공을 거두었지만 정작 스스로를 못마땅해 하는 사람이 얼마나 많은지 몰라요. 세상에서는 성공했다고 하지만 배우자와 자녀들에게는 정작 나누어 줄 수 있는 사랑이 없는 사람이 얼마나 많은지 몰라요. 여러분의 영혼, 마음, 신체, 그리고 두뇌를 사람과 상황에 휩쓸리지 않는 힘이 생기도록 가꾸세요. 사람들에게 인정받지 못하는 것과 상황에 편승하지 않는 것이 죽음과 같이 고통스러울 수 있지만 그래도 여러분의 내면에 집중하세요.

자신이 좋아하는 것을 찾아보세요. 여러분은 누구와 함께 있을 때, 가장 편하고 좋으세요? 여러분은 무엇을 할 때, 가장 기분이 좋으세요? 여러분은 어디에 있을 때, 가장 행복하세요? 유치원 시절은 무엇을 할 때, 가장 행복하셨어요? 초등학교 시절 무엇을 할 때, 가장 기분이 좋으셨어요? 여러분 자신을 잘 살펴보세요.

자신이 잘하는 것을 찾아보세요. 여러분은 무엇을 잘 하세요? 여러분이 무엇을 어떻게 하면 사람들이 "참 잘 한다."고 칭찬하던가요? 유치원 때, 초등학교 시절을 더듬어 보세요. 지금도 마찬가지고요. 여러분은 무엇을 좋아하고 무엇을 잘 하세요? 여러분 스스로를 잘 살펴보세요. 그러면 여러분이 보여요. 그것이 바로 여러분이에요. 여러분이 좋아하고 잘하는 것으로 다른 사람에게 도움이 되는 인생을 디자인 해 보세요. 거기에서 여러분의 참된 가치가 발견되기 시작할 거예요.

둘째, 오늘이 마지막이라고 생각하고 가장 중요한 것을 추구하세요

13절 나머지를 읽어 보세요. "나는 주 예수의 이름을 위하여 결박당할 뿐 아니라 예루살렘에서 죽을 것도 각오하였노라." 예루살렘에는 "바울"이라는 이름만 들어도 이를 "바득 바득" 가는 유대인들이 기다리고 있어요. 바울 선생님은 잠시 후에 예루살렘 도착하게 될 거예요. 죽을 것을 각오한 거지요. 오늘이 마지막이라는 마음으로 사는 거예요. 과거의 후회도 미래의 걱정도 들먹일 시간이 없어요. 그냥 지금 여기에 최선을 다하는 거지요.

『일용할 양식』이란 책에서 맥스 루케이도Max Rucado는 지금 여기에 집중하는 방법에 대해서 다음과 같은 이야기를 들려주고 있어요. 철인 3종 경기에서 여러 번 우승한 선수가 경기 완주 비결을 다음과 같이 일러주었대요. "구간을 짧게 나누어 달리는 방식을 사용하면 장시간에 걸친 경기라도 쉽게 소화할 수 있습니다." 그렇죠. 4킬로미터를 헤엄치는 것이 아니에요. 그저 다음 부표까지만 가는 거죠. 180킬로미터를 자전거로 가는 게 아니죠. 18킬로미터를 달리고 다시 그 만큼 더 달리는 거예요. 인생도 마찬가지죠. 오늘의 목표를 세우고 그 만큼 달려가는 거예요. 오늘이 내 생애 마지막 날이라고 여기는 거죠.

☆☆☆☆☆

공감하면 붐업
이 문장에 어느 정도 공감이 되나요? 위 빈 칸에 자신의 생각을 댓글로 달고 그 옆에 별점도 줘 보세요.

오늘이 마지막이니까 가장 중요한 일을 선택해야죠. 시간과

에너지가 한정되어 있으니까 신중하게 선택해야만 해요. 바울 선생님에게 가장 중요한 것은 "예수님의 이름을 위해서 결박당하는 것"이죠. 예수님을 소개하는 데 있어서 자신이 할 수 있는 모든 시도를 하겠다는 거예요. 결박당하고 고난당할지라도 멈출 수 없다는 거지요. 결박당해본 사람만이, 무엇에 미쳐본 사람만이 두려움을 넘어서는 용기를 발휘할 수 있어요. 용기를 내는 순간 자유를 누릴 수 있어요.

> **실시간 검색**
>
> **지박(본명 박지웅)**
>
> 1. 줄리어드스쿨
> 2. Ji Bark
> 3. 사물의 비밀
> 4. 폭풍전야
> 5. 나는 피처링한다

지박(본명: 박지웅, 1977년생)은 9세 때, 가족과 함께 미국으로 이민 갔어요. 줄리어드 음대에서 클래식 작곡을, 버클리 음대와 UCLA 음대에서 영화음악을 작곡을 전공했어요. 23세에 헐리우드 영화음악 유망주에게 주는 제리 골드스미스 상을 동양인 최초, 세계 최연소로 수상했어요. 2001년, 2002년 미국음악가협회가 주최하는 영화음악 작곡대회에서 연속 수상했어요. 이명박 대통령 취임식 때 음악을 맡았고요. 김기덕 감독의 새 영화 "비몽"의 음악 작업을 끝냈고, 지금은 "비보이를 사랑한 발레리나" 작곡에 몰두하고 있어요.

그의 이력이 화려하지만 제가 관심을 갖게 된 이유는 그의 청소년 시절 때문이에요. 그는 음악적 기초를 다지기 위해 모든 클래식 음악을 들었어요. 덕분에 하루 3시간 이상을 자 본 적이 없어요. 그는 자신보다 클래식을 많이 들은 교수님을 못 봤대요. 그는 음악에 결박당한 사람이에요. 음악에 미친 사람이죠. 클래식, 팝, 랩을 넘나들면서 자유롭게 작곡하고 있어요. 결박당한 사람이 자유를 누리게 되요.

또 어떤 사람은 중요하고 올바른 선택을 위해서 생각하고 느낄 여유를 많이 가져야 하는 사람도 있어요. 잘 자고 잘 쉬고, 좋은 사람과 책을 만나고 다양한 경험을 위해 무엇엔가 얽매이기 싫어하는 사람도 있어요.

여러분은 내일 하루 무엇에 결박당할 계획이에요? 여러분이 지금 가장 중요하다고 생각하는 것에 결박당해보세요. 그런 태도를 연습하세요. 때가 차면 하나님께서 여러분을 부르셔서 역사의 흐름을 바꾸는 일과 하나님의 영광을 회복하는 일에 자신의 생명을 바치는 인생을 살게 하실 거예요.

> 📖 **팝업 성경**
>
> So do not worry about tomorrow: tomorrow will take care of itself. Each day has enough trouble of its own."
> _New Jerusalem Bible

그러므로 내일 일을 위하여 염려하지 말라. 내일 일은 내일이 염려할 것이요. 한 날의 괴로움은 그날로 족하니라. 마태복음 6장 34절

결론

주변에 휩쓸리지 않을 자신의 가치를 발견하세요. 생명을 걸만한 가장 중요한 것을 찾아보세요. 그리고 오늘이 마지막이다 생각하고 최선을 다하세요. 지금 여기에 집중하세요. 그 길은 때때로 죽음처럼 고통스러워요. '아! 정말 죽을 것 같아.', '더 이상 못 견디겠어.' 라고 생각되기도 할 거예요. 그때, 뒤로 물러서지 마세요. 온 몸과 맘으로 부딪히세요. 고비를 넘는 경험이 쌓이면 집중하는 태도가 생겨요. 집중하는 태도가 훈련되면 몰입의 순간에 도달하면서 자유를 경험하게 되요.

✱✱

자신이 좋아하고 잘하는 것으로 다른 사람에게 도움이 되는 인생을 가꾸어 가는 여러분을 통해서 우리나라의 모든 분야가 회복될 것을 기대합니다. 오늘이 마지막인 것처럼 지금 여기에 집중하는 여러분의 순종적인 태도 때문에 하나님 나라의

좋은 가치들이 회복될 것을 기대합니다. 여러분 때문에 사람들이 하나님의 사랑, 은혜, 감사, 섬김, 기대, 공의, 질서 등을 더욱 존중하게 되는 날을 기대합니다.

생각해볼 질문들

● 순종 2 (행 21:7~14) ●

■ 성경질문

1. 아가보라는 예언자는 바울에 대해 어떤 예언을 하였나요? (10~11절)

2. 이에 대해 사람들은 바울에게 뭐라고 말하나요?(12절)

3. 사람들의 강한 만류에 대해 바울은 어떤 각오를 하나요?(13절)

4. 바울은 무엇을 위해 죽음까지 각오할 수 있다고 말하고 있나요?(13절)

5. 바울은 누구 안에서 자신의 가치와 인생의 가치를 발견했나요?

■ 워크샵

1. 나는 주로 무엇을 통해 나 자신의 가치를 매기며 살아왔나요?, 그것이 나에 대한 올바른 가치를 발견하는데 도움을 주었나요?

2. 지금까지 내가 추구하는 삶의 가치, 곧 삶의 목적은 무엇이었나요?, 그 가치는 나 뿐 아니라 세상을 행복하게 하는 가치인가요?

3. 사람들의 인정과 주변 상황에 편승하지 않고 진정한 나 자신의 가치를 발견하기 위해 내가 집중해야 할 것은 무엇인가요?

● 자신의 가치를 발견함으로 경험하는 자유의 삶 (실천해보세요)

1. 자신의 가치를 발견하기

- 자신의 가치는 자신이 좋아하고 잘 하는 것을 찾을 때 발견할 수 있어요.

내가 좋아하는 것	내가 잘 하는 것
1.	1.
2.	2.
3.	3.
4.	4.
5.	5.
6.	6.
7.	7.
8.	8.
9.	9.
10.	10.

2. 자신의 가치를 통해 만들어 보고 싶은 인생 디자인 해보기

- 자신이 좋아하고 잘하는 것으로 다른 사람에게 도움이 되는 인생

을 사는 것이 우리를 향한 하나님의 부르심이에요. 세상 사람들이 하나님 안에서 진정한 자유를 누릴 수 있도록 도울 수 있는 나의 인생을 디자인 해보세요.

* 진정으로 자신도 자유를 누리고 다른 사람도 자유케 하는 사람은 사람과 환경에 휩쓸리지 않는 자신의 가치를 발견한 사람이에요. 자신의 진정한 가치를 발견한 사람은 삶의 참된 가치, 곧 삶의 분명한 목적을 발견하게 되고 온 몸과 마음으로 그 가치에 집중할 수 있어요. 자신의 가치를 발견하고 순종하는 마음으로 집중하여 최선을 다해 세상을 섬기고 가꾸어 갈 때 세상 사람들은 우리를 통해 하나님 나라의 좋은 가치가 회복되는 자유의 날을 맞이하게 됩니다.

읽을거리
● 순종2 ●

    그리스도 예수께서 자기 자신을 생각하셨던 방식으로 여러분도 자기 자신을 생각하십시오. 그분은 하나님과 동등한 지위셨으나 스스로를 높이지 않으셨고, 그 지위의 이익을 고집하지도 않으셨습니다. 조금도 고집하지 않으셨습니다! 때가 되자, 그분은 하나님과 동등한 특권을 버리고 종의 지위를 취하셔서 사람이 되셨습니다! 그분은 사람이 되셔서 사람으로 사셨습니다. 그것은 믿을 수 없을 만큼 자신을 낮추는 과정이었습니다. 그분은 특권을 주장하지 않으셨습니다. 오히려 사심 없이 순종하며 사셨고, 사심 없이 순종하며 죽으셨습니다. 그것도 가장 참혹하게 십자가에서 죽으셨습니다.

    그 순종으로 말미암아 하나님께서는 그분을 높이 들어 올리시고, 어떤 사람이나 사물도 받아 본 적 없는 영광을 그분에게 주셨습니다. 그리하여 하늘과 땅에 있는 모든 피조물이—오래전에 죽어 땅에 묻힌 사람들까지도—예수 그리스도 앞에 절하고 경배하게 하시고 그분이 만물의 주이심을 찬양하게 하셔서, 하나님 아버지께 큰 영광을 돌리게 하셨습니다.

빌립보서 2장 5-11절, 메시지 성경

chapter 9

순종 3

순종의 열매 : 담대하고 거침없이

성령 충만:
자유는 하나님의 사람이 되는 것

23 그들이 날짜를 정하고 그가 유숙하는 집에 많이 오니 바울이 아침부터 저녁까지 강론하여 하나님의 나라를 증언하고 모세의 율법과 선지자의 말을 가지고 예수에 대하여 권하더라

24 그 말을 믿는 사람도 있고 믿지 아니하는 사람도 있어

25 서로 맞지 아니하여 흩어질 때에 바울이 한 말로 이르되 성령이 선지자 이사야를 통하여 너희 조상들에게 말씀하신 것이 옳도다

26 일렀으되 이 백성에게 가서 말하기를 너희가 듣기는 들어도 도무지 깨닫지 못하며 보기는 보아도 도무지 알지 못하는도다

27 이 백성들의 마음이 우둔하여져서 그 귀로는 둔하게 듣고 그 눈은 감았으니 이는 눈으로 보고 귀로 듣고 마음으로 깨달아 돌아오면 내가 고쳐 줄까 함이라 하였으니

28 그런즉 하나님의 이 구원이 이방인에게로 보내어진 줄 알라 그들은 그것을 들으리라 하더라

29 (없음)

30 바울이 온 이태를 자기 셋집에 머물면서 자기에게 오는 사람을 다 영접하고

31 하나님의 나라를 전파하며 주 예수 그리스도에 관한 모든 것을 담대하게 거침없이 가르치더라

사도행전 28장 23~31절

서론

한 기업에 유능한 직원이 있었어요. 그녀는 온전한 성품과 탁월한 실력으로 대부분의 사람들에게 인정받는 직원이에요. 어느 날 기업의 중요한 업무를 처리하기 위해서 갑자기 출장을 떠나게 되었어요. 일찍 집을 나오는 바람에 식사도 거른 그녀는 공항에 도착하여 필요한 수속을 마치고 잠시 여유를 갖게 되었어요. 따뜻한 커피를 들고 멋진 신사 분 곁에 자리를 잡고 앉았어요. '아! 탑승 전까지 짧은 여유를 만끽해야겠군.'

그녀는 따뜻한 커피와 함께 먹기 위해 방금 구입한 자신이 가장 좋아하는 쿠키를 꺼냈어요. 커피 한 모금! 쿠키 한 조각! 그런데 곧 이상한 일이 벌어졌어요. 멀쩡하게 생긴 신사가 슬금슬금 그녀의 쿠키를 집어 먹는 거예요. 그녀가 한 개. 신사가 한 개. 번갈아가면서 먹던 쿠키가 마지막 한 개 남았을 때, 그 신사는 쿠키 봉지를 그녀 쪽으로 밀어 주고는 미소를 머금고 인사를 하며 일어서요. "좋은 하루 되세요. 아가씨!!"

'원 별 이상한 사람을 봤나! 뭐 저런 사람이 다 있어.' 애써 불쾌감을 떨쳐 버리고 탑승구를 지나 자리를 잡은 그녀. 비행 중에 읽을 책을 꺼내기 위해서 손가방을 열어보는 순간.........

아니 이럴 수가! 그 안에 편의점에서 구입한 쿠키가 봉지채 들어 있었던 거예요. '아니 이게 어떻게 된 일이지?!?!' 그래요. 그녀는 자신의 것과 똑같이 생긴 그 신사의 쿠키를 먹었던 거예요. 사람은 현재의 상황을 바르게 인식하는 데 분명한 한계가 있어요.

다니엘 길버트Daniel Gilbert는 하버드 대학에서 유일하게 강의 때마다 박수를 받는 것으로 유명해요. 그의 저서『행복에 걸려 비틀거리다』에는 이런 이야기가 있어요. 사람들은 모두 행복을 원해요. 그 행복을 얻기 위해서 깊이 고민해요. '어떻게 하면 행복을 얻을 수 있을까?' 미래를 내다보면서 가능한 한 모든 상황을 고려해서 바람직한 계획을 세워요. 노력해서 계획했던 것을 성취해요. 하지만 정작 그 순간이 되면 기대했던 행복감을 누리지 못해요. 사람은 미래에 대한 인식에도 분명한 한계가 있어요.

김형경이란 작가는『사람 풍경』이란 책에서 자신의 내면에서 "거울의 법칙"을 발견했다고 고백해요. 다른 사람은 나를 비추는 거울이라는 거예요. 우리는 의식, 무의식적으로 상대방의 모습 속에서 나 자신의 모습을 본다는 거지요. 호감 가는 사람이 있다면 나의 좋은 면을 그 사람에게서 발견한 거예요. 불쾌한 사람이 있다면 내가 싫어하는 나의 모습이 그 사람에게 비춰진 거지요. 다른 사람에 관한 이야기를 할 때, 진지한 표정으로 객관적인 사실을 말하려고 노력하지만 사실은 매우 주관적일 수밖에 없어요. 그래요. 사람들은 다른 사람을 바라볼 때에도 자신의 한계에 갇혀 있는 거예요.

이런 사실을 풍자한 내용이 담긴 만화를 본 적이 있어요. 매우 인상 깊었는데요. 간단히 소개할게요. 깊은 바다 속에서 있었던 일이에요. 한 물고기가 자신의 친구인 해면동물에서 질문해요. "친구야 이 세상에서 뭐든 될 수 있다면 뭐가 될래?" "뭐든지?" "그래 더 이상 해면이 될 수 없다면 뭐가 되고 싶으냐고?", "으음, 나는 조개가 될래! 정말 멋지지 않아! 나는 활동적이고, 성숙한 조개가 될 거야. 물론 가능하다면……"

사람들은 한계가 분명한 존재에요. 현재에 대해서, 미래에 대해서, 그리고 다른 사람에 대해서 자신의 한계 안에 갇혀 있어요. 그래서 지혜로운 사람은 열린 사람이에요. 자신의 한계를 인정하는 사람이죠. 이런 사람은 아무리 고민하고 계획하고 성취해도 완전할 수 없다는 사실을 인정해요. 외부의 개입을 허용해요. 성숙한 사람들의 조언을 경청해요.

하지만 대부분 자신의 한계를 인정하지 않아요. 자신의 신념에 묶여있어요. 여기에 해면동물과 같은 사람이 있어요. 물론 겉으로 보면 대단한 사람이에요. 그는 성경에 등장하는 가장 위대한 인물 중의 한 명이에요. 그는 당시 세계 최대 강국인 로마 시민권자예요. 가말리엘 문하생으로 가장 수준 높은 교육을 받았어요. 종교적으로 존경 받고 도덕적으로 모범이 될 만한 생활을 했어요. 모든 사람이 이 사람을 존경했어요. 바로 바울입니다.

요즘으로 말하면 이런 거죠. 한국에서 태어나서 어릴 때, 미국으로 이민 갔어요. 보스턴에서 사립 중고등학교를 거쳐 하버드에서 공부 했어요. 한국인 최초로 미국 사회에서 고위 공직에 올랐어요. 소외된 계층을 돕기 위해 자선 사업을 주도하고 기부도 많이 해요. 훌륭한 신앙인으로 인정받아 미국 전역

뿐 만 아니라 전 세계의 교회와 기업에서 간증과 강의를 해요.

　바울은 신이 인정하는 성공한 인생을 살기 위해서 필요한 모든 것을 갖추었다고 확신했어요. 적어도 세상이 그때까지 발견한 모든 것. 자신이 알고 있는 모든 것을 고려해서 필요하다고 판단되는 모든 것을 준비했다고 확신했어요. 그것을 기반으로 성공적인 인생을 이룰 수 있다고 확신했어요. 그것을 이루기 위해 다메섹으로 달려가고 있었어요. 그때 계획한 것이 바로 예수님의 가르침을 따르는 기독교인을 체포하고, 교회 공동체를 해체시키는 것이었어요.

✷ ✷

　제가 대학생이 되었을 때, 동네 한 친구가 저에게 이런 말을 했어요. "사람들은 벽 앞에서 벽을 바라보는 존재야. 등 뒤에는 다른 세상이 펼쳐져 있는데, 평생 벽에 그려진 낙서만 연구하며 사는 사람이 대부분이야. 고개를 돌리면 되는데⋯⋯" 저는 고개를 돌려 다른 세상, 넓은 세상을 보고 싶었어요. 하지만 어떻게 해야 하는지 잘 몰랐어요. 다른 사람도 대부분 그렇지 않나요? 자신의 한계에서 벗어나서 더 높은 차원의 인생을 원하지만 그 방법을 구체적으로 모르죠. 그래서 사람들은 그토록 자유를 원하나 봐요.

사람은 자신의 힘으로 진정한 자유를 누릴 수 없어요. 인간의 한계를 초월해 계시는 누군가가 우리를 우리의 한계 속에서 건져 내야만 해요. 부활하신 예수 그리스도께서 다메섹으로 가는 길에서 바울을 건져내셨어요. 그리고 하나님 가슴에 담겨 있는 아름다운 꿈과 원대한 비전을 나누어 주셨어요. 바울 자신의 인생과 이 세상에 대한 하나님의 계획을 보여 주셨어요.

※※

"바울아 나는 너에 대하여 좋은 계획을 갖고 있단다. 나는 너를 세상에 보낼 것이란다. 너는 그들에게 가서 나의 사랑을 전하게 될 거란다. 나의 사랑이 얼마나 크냐고? 나의 사랑하는 아들과 교회를 못살게 구는 너를 포기하지 않을 만큼, 용서할 만큼, 그리고 사랑할 만큼이지. 자! 이제 너는 알거야. 내가 너를 사랑하는 사랑이 얼마나 큰지. 그래! 그렇단다. 이제 사람들에게 가라. 가서 전해라. 사람들이 십자가에 달려 죽은 내 사랑하는 아들 예수 그리스도를 통해서 드러난 나의 사랑을 받아들이는 순간, 바로 그 순간에 사람들은 죽음에 대한 두려움, 죄의 유혹에 대한 불안, 그리고 인생의 무의미에 대한 절망에서 벗어나게 될 거란다. 그렇게 자유로운 존재가 되어 갈

거란다. 그러니까 가라. 담대하게 거침없이 세상으로 나아가라."고 말씀하셨어요.

그러자 바울 선생님은 예수님의 마지막 유언에 따라 세상에서 가장 좋은 소식을 전하기 위해서 여행을 시작했어요.

오직 성령이 너희에게 임하시면 너희가 권능을 받고 예루살렘과 유다와 사마리아와 땅 끝까지 이르러 내 증인이 되리라. 사도행전 1장 8절

사도가 된 바울 선생님은 여생을 복음 전하는 데 헌신하셨어요. 세상 사람들에게 복음을 들려주기 위해서 전 세계를 여행하셨어요.
사도 바울 선생님의 복음 전도 여행의 경로를 간단히 살펴보죠.

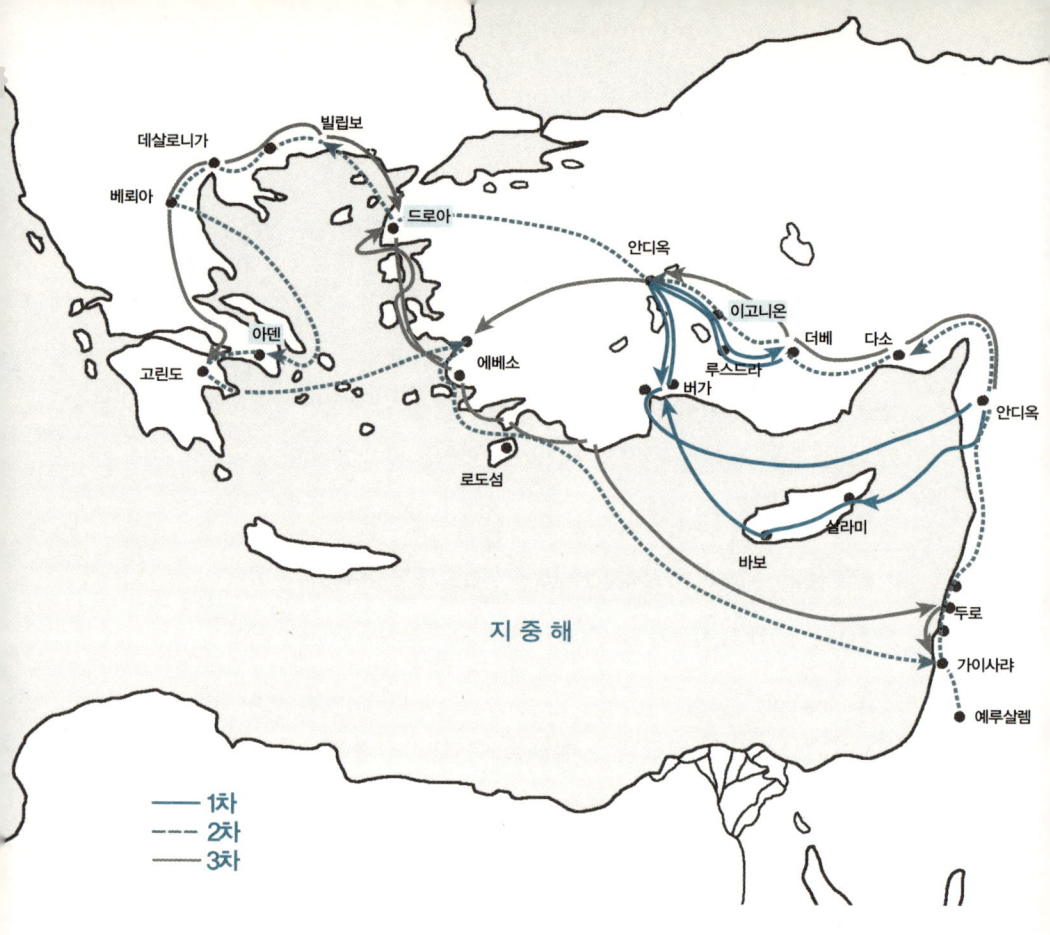

1차 전도 여행: 안디옥, 구브로, 안디옥, 이고니온, 루스드라(AD.46-48)

2차 전도 여행: 더베, 루스드라, 드로아, 빌립보, 데살로니가, 베뢰아, 아덴, 고린도, 안디옥(AD.49-52)

3차 전도 여행: 갈라디아와 부로기아, 에베소, 마게도냐, 드로아, 밀레도, 두로, 가이사랴(AD.53-57)

바울 선생님은 하나님의 명령대로 가장 좋은 소식을 세상 사람들에게 전하는 이 여행을 통해서 살아계신 하나님의 능력을 체험했어요. 몸이 아픈 사람이 치유 받고, 정서적으로 불안한 사람이 안정감을 누리고, 자기 욕심만 차리던 사람이 이웃을 돌보게 되고, 악한 귀신에 매였던 사람이 자유롭게 되요. 죽었던 사람이 다시 살아나서 하나님을 찬양하는 것을 경험했어요. 하나님께서 이 세상을 다스리신다는 사실을 실제로 경험했어요.

본론

바울 선생님은 이 아름다운 여행을 마무리하면서 마침내 그 당시 땅 끝이라고 여겨지던 로마에 도착했어요. 바울 선생님은 예수님께서 가라고 명령하신 땅 끝에서 "하나님의 나라"를 전파하며 주 "예수 그리스도"에 관해서 가르치셨어요.

> 하나님의 나라를 전파하며 주 예수 그리스도에 관한 모든 것을 담대하고 거침없이 가르치더라. 사도행전 28장 31절

사람들에게 "하나님께서 이 세상을 창조하셨다."고 "하나님께서 이 세상을 다스리신다."고 "하나님의 권위를 인정해야 당신 자신과 당신의 생활에 대한 하나님의 계획을 알 수 있다."고 "당신의 생활 가운데서 일어나는 많은 일을 처리할 때 하나님의 뜻대로 하면 의미 있는 열매를 맺을 수 있다."고 "아름답고 풍성한 열매가 있을 때, 사람들이 당신을 신뢰하고 당신으로부터 선한 영향력을 받게 된다."고 가르쳤어요. 그리고 자신의 한계에서 벗어나 자유롭게 하나님 나라를 위해 세상을 섬기며 살기 위해서 예수 그리스도를 믿어야 한다고 가르쳤어요. 왜냐하면 예수 그리스도께서 죽음에 대한 두려움, 죄의 유혹에 대한 불안, 그리고 삶의 무의미에 대한 공허함을 해결하시기 위해 십자가를 지셨기 때문이에요.

✶ ✶

여러분은 예수님을 영접했거나 영접하기 위해 준비하고 있어요. 하나님께서는 10년에서 20년 안에 여러분을 이 세상 곳곳으로 파송하실 거예요. 여러분은 그곳에서 다양한 직종에 종사하게 될 거예요. 다양한 사람들을 만나겠죠. 여러분은 바로 그 자리에서 "하나님의 다스림"을 받으면서 살아갈 거예요. 하나님의 주권을 인정하는 여러분이 종사하는 분야마다 하나님의 뜻이 이루어질 거예요. 교육, 정치, 경제, 문화, 과학, 군사, 외교, 종교 등의 영역 마다 여러분 때문에 좋은 일들이 많이 일어날 거예요. 하나님의 가슴을 시원하게 해 드리는 일들이 많이 일어날 거예요. 사람들의 마음을 기쁘게 하는 일들이 많이 일어날 거예요. 여러분 때문에······

　하나님께서 가장 적절한 때에 여러분을 "땅 끝"으로 보내실 거예요. 땅 끝까지 걸어가는 길은 쉽지만은 않을 거예요. 누가 데려다 주지 않을 거예요. 여러분이 스스로 걸어가야 할 길이에요. 높은 장애물과 깊은 웅덩이가 있을 거예요. 그 모든 것을 온 몸으로 싸워서 넘어서야 해요. 기도하며 영력을 기르세요. 공부하며 지력을 기르세요. 운동하며 체력을 기르세요. 사랑하며 심력을 기르세요. 멀리보고 힘을 길러서 천천히 걸어가세요.
　그러므로 오늘에 집중하세요. "지금&여기"를 여러분의 땅 끝으로 생각하세요. 『공공의 적 1-1 "강철중"』이라는 영화의 한 장면이 기억에 남아요. 서울시 강동서 강력반 강철중이 기업화된 조직 폭력집단의 회장인 이원술에게 눈을 부릅뜨고 다음과 같이 말하지요. "나는 깡패 잡을 때 이놈이 세상 마지막

깡패라고 생각하고 잡거든. 그러니까 나는 너 하나 잡아넣으면 세상이 깨끗해질 거라고 믿고 달려들거든. 그러니까 내가 너를 잡지 못하겠냐?"

✶✶

"오늘이 땅 끝!"이에요. "지금&여기"에 집중하세요. 사람들이 대화하는 이야기를 들어보세요. 대부분 "과거에 대한 후회와 변명", "미래에 대한 염려와 걱정", 그리고 "다른 사람에 대한 뒷담화"에 관련된 이야기가 90퍼센트 이상이에요. 그 세 가지의 공통점이 있어요. 아무리 이야기해도 변화되지 않는다는 거예요. 여러분은 신의 형상을 입고 생명력을 품은 존재에요. 생명적 존재는 근본적으로 변화를 꿈꿔요. 그런데 대부분의 말과 생각의 에너지를 변화되지 않을 일에 사용하고 있으니 얼마나 지루해요. 무력하죠. 속상한 거예요.

자! 이제 여러분의 땅 끝인 "오늘"에 집중하세요. "지금&여기"에 집중하세요. 여러분 혹시 이런 생각하세요? '지금&여기가 뭐야?', '학교? 교실? 공부? 아! 피곤해……', '집? 엄마? 아빠? 성적? 아! 답답해……', '교회? 성경? 기도? 예배? 지루해……' 대부분의 청소년들이 자신의 생활을 답답하게 생각해요. 빨리 벗어나고 싶어 하죠. 자유로운 미래를 위해서 "지금&여기"에서 벗어나고 싶어 해요. 그런데 벗어나고 싶은 그곳에 집중하라니 말이 되나요?

자! 이제 바울 선생님의 땅 끝을 조금 더 자세히 살펴보죠. 여러분은 아마 바울 선생님께서 로마에서 자유롭게 활동하셨을 것이라고 상상할 거예요. 강의, 상담, 저술 활동을 하면서 많은 사람들에게 인정을 받으셨을 것이라고 상상할 거예요. 하지만 로마에서 바울 선생님은 집 밖으로 자유롭게 다닐 수 없으셨어요. 바울 선생님은 일부 강경한 유대 종교 지도자들에 의해 고발당했어요. 로마 정부에 의해서 가택 연금을 당한 상태에요. 단순하게 얘기해서 용의자로서 죄인 취급을 받고 있어요. 죄인은 자유가 없어요. 오늘 본문 30절 앞부분을 보세요. "바울은 온 이태를 자기 셋집에 머물면서……"

제가 보기에는 여러분도 비슷한 상황 아닌가 싶어요. 자주 바뀌는 교육 제도의 벽, 성적에 의해 예견되는 미래의 벽, 어색한 부모님과의 관계의 벽, 풀리지 않는 친구와의 우정의 벽, 꾸며도 별 소용이 없는 외모의 벽, 참아도 튀어 나오는 욱하는 성격의 벽 등 이런 저런 벽에 갇혀 있는 것처럼 느끼지 않나요? 답답하다고 도망치지 마세요. 위축되지 마세요. 다시 말씀드립니다. 거기서 버티셔야 해요. 그래야 정말 땅 끝에 가서도 버틸 수 있어요.

✻ ✻

아무것도 여러분을 규정할 수 없다는 사실을 꼭 기억하세요. 제 아들이 다섯 살 때 있었던 일이에요. 아들이 아무렇게나 구겨진 색종이 뭉치를 들고 가고 있었어요. 저는 아들을 보면서 그나마 좋게 표현해서 이렇게 말했어요. "색종이구나!" 그러자 제 아들이 정색을 하며 이렇게 대답했어요. "이거 색종이 아니에요. 학이에요."라고 대답했어요.

사람들은 여러분을 보면서, "얘! 너 대한민국 고등학생이구나!"라고 불러요. 급변하는 현대 사회 중에서도 가장 빠르게 변화하는 대한민국에서 꿈꾸지 못하고 주눅 들어서 지루한 일상을 살아가는 청소년이라고 생각하는 거지요. 하지만 여러분은 이렇게 대답하세요. "아니에요. 저는 하나님의 자녀에요. 하나님의 꿈을 품고, 하나님의 나라를 위해 쓰임 받는 소중한 사람이에요."라고 대답하세요.

결론

곽세라 라는 분이 전 세계를 여행하면서 경험한 좋은 사람들과의 만남을 묶어 『인생에 대한 예의』라는 책을 펴냈어요. 저자는 사람마다 존재의 무게가 있다고 해요. 그런데 자신이 만나본 사람 중에서 존재의 무게가 가장 묵직했던 사람이 글렌Glen이었다고 해요. 모든 사람이 글렌과 함께 있으면 평안하고 행복하다는 거예요.

문자왔숑!
문자왔숑!

내빛을빛내렴!!너의몸에서너의영혼에서너의삶에서반짝반짝빛나도록내가함께할테니!!^^
80bytes

글렌의 어머니는 글렌이 어릴 때부터 "글렌 너에게서는 빛이 난단다."라고 말씀하셨대요. 집이 가난해서 갑자기 전기가 끊어지면 어머니는 글렌을 품에 안고 이렇게 말했대요. "네가 있으니 집안이 하나도 어둡지 않구나." 마을에 아픈 사람이 있으면 이렇게 말했대요. "글렌 네가 가서 할머니 손을 잡고 웃어드리렴. 그럼 곧 나으실 거란다." 그래서 글렌은 6세 때부터 자신에게 빛이 난다고 생각했대요.

여러분 들어보세요. 여러분에게서 빛이 난답니다. 하나님의 영광의 빛이 그리스도의 사랑의 향기가 나요. 가세요. 세상으로. 담대하고 거침없이. "오늘"을 땅 끝으로 여기고, "지금&여기"에 집중하세요. 오늘이 마지막이라고 생각하세요. 온 몸으로 부딪혀 보세요. 여러분을 통해서 성령의 바람이 사람들에게 흘러가는 거예요.

성령님께서 여러분을 통해서 사람들을 깨우시고, 일으키시고, 자유롭게 하실 거예요.

생각해볼 질문들
● 순종 3 (행 28:23~31) ●

■ 성경질문

1. 죽음을 각오하고 복음을 전한 바울은 어디로 압송되었나요? (16절)

2. 바울은 어떤 신분으로 그곳에 가게 되었나요?(17절)

3. 로마에서 바울은 무엇을 증언하였나요?(23절)

4. 바울은 2년 동안 어디에 갇혀 지냈나요?(30절)

5. 바울은 자신의 한계에 위축되지 않고 그곳에서 최선을 다해 무엇을 했나요?(31절)

■ 워크샵

1. 내가 인정해야할 내 자신의 한계는 무엇인가요?

2. 내가 집중해서 살아가야할 땅 끝(지금&여기)은 어디인가요?

3. "지금&여기"에 집중하는 삶을 살기위해 내가 생각하고 실천해야할 삶의 태도는 구체적으로 무엇일까요?

● "지금&여기" 에 집중하는 삶 (실천해보세요)

가장 중요한 것을 추구하기

- 오늘이 마지막이라는 마음으로 살 때 가장 중요한 일을 선택할 수 있고 지금 내게 주어진 곳에서 최선을 다할 수 있어요. 한주간의 계획을 우선순위에 따라 세우고 실천해보세요.

1. 중요하지만 급하지 않은 일	2. 중요하면서 급한 일
1.	1.
2.	2.
3.	3.
4.	4.
5.	5.
3. 중요하지 않지만 급한 일	**4. 중요하지 않고 급하지 않은 일**
1.	1.
2.	2.
3.	3.
4.	4.
5.	5.

자유

✽ 하나님은 가장 적절할 때 우리를 땅 끝으로 보내실 거예요. 그때를 위해 오늘이 마지막이라고 생각하면서 "오늘"을 땅 끝으로 여기고, "지금&여기"에 집중하세요. 그럴 때 우리를 통해 성령의 바람이 사람들에게 흘러가게 되요.

성령님께서 우리를 통해 사람들을 깨우시고, 일으키시고, 자유롭게 하실 거예요.

읽을거리

● 순종3 ●

사명을 상상하기 위한 순종

(변화되지 않은) 순종은 우리가 상상하는 세계를 넘어 대담하게 멀리까지 가려 하거나, 위험을 무릅쓰려고 하지 않습니다. 우리가 순종을 변화시켜서 보다 성실하게 반응하는 경청에 이르려면, 그때는 우리가 세상과 우리 자신을 다르게 상상하기 위하여 새로운 상상력으로 부름 받아야 합니다.

월터 브루그만, 『Finally Comes the Poet』에서 발췌.